山階宮晃親王（勧修寺紋付額入・勧修寺 蔵・学習院大学史料館保管）

山階宮晃親王を囲む親族の各皇族（勧修寺 蔵・学習院大学史料館保管）
明治21年（1888）12月8日、東京・九段坂の鈴木真一写真館にて

写真中央（右頁左）に皇太子明宮嘉仁《はるのみやよしひと》親王（大正天皇）、その向かって右に山階宮晃親王。前列左から梨本宮守正王、山階宮菊麿王、久邇宮邦彦王。後列左から北白川宮能久親王、東伏見宮依仁親王、伏見宮貞愛親王。中列左端に北白川宮富美子妃

※作品は縦長の一幅

国分文友筆「晃親王三相像」（勧修寺 蔵・学習院大学史料館保管）

上から20歳代の僧体、49歳還俗時の直衣姿、晩年の大礼服姿〔222頁参照〕

小林未醒画「帝国議会開院式臨御」(聖徳記念絵画館 蔵)
中央が明治天皇。右から四人目が晃親王〔133頁参照〕

山階宮晃親王揮毫による扁額〔160～165頁参照〕

阿弥陀寺 本堂扁額（京都市上京区）

五条天神 本殿扁額（京都市下京区）

檀王法林寺 楼門扁額（京都市左京区）

「望西楼」（北側）・**「朝陽山」**（南側）

勧修寺 表玄関扁額・同明正殿扁額（京都市山科区）

日吉神社 鳥居扁額（滋賀県長浜市）

天孫神社 鳥居扁額（滋賀県大津市）

〈右〉明治天皇 御製短冊

〈左〉昭憲皇太后（明治天皇の皇后）御歌短冊（『山階宮三代』より）〔一一三七頁参照〕

明治天皇が最も頼りにした
山階宮《やましなのみや》晃《あきら》親王《しんのう》

深澤光佐子

宮帯出版社

序

京都は千年以上もの長い間にわたって都であり続けたため、幾層にも重なった歴史的遺産が数多く残っている。寺社をはじめ建物、庭園など見るべきものはたくさんあるが、寺社の扁額や石碑なども時代や歴史を物語っている。歴史好きの方で京都を訪れ、長岡京の大極殿跡の二メートルもある大きな石碑（一七〇頁参照）や、御池通に面した神泉苑の鳥居、五条天神社本殿に掲げられた扁額などに興味を持った方があるかもしれない（口絵参照）。これらはどれも山階宮晃親王《やましなのみやあきら》の筆によるものである。

長い時の流れの中で京都が衰退した時期が何回かあったが、近世においては明治の初め、天皇の東幸（東京に移ったこと）により、御所周辺が狐狸のすみかと呼ばれるほど寂れてしまった。それを憂えた多くの人々が、何とか知恵と力を出し合って京都の復興を考え、今日の繁栄の基礎をつくってきた。その中に、一時東京へ移転したものの、京都を心から愛し、大好きであったために戻り、京都の復興に力を注がれた皇族がいた。衰退した寺社の復興を願い、依頼のあった揮毫《きごう》などを気軽に引き受け、寄付もして力添えをされた山階宮晃親王である。

本稿は、その晃親王の生涯についての研究の書であり伝記でもあるが、さらに幕末・維新史の重要な一面を描き出しているといえる。

一人一人の人の生涯には、語り尽くせないドラマがある。時代時代における国のあり方や制度、慣例という枠組みの中で数々の制約を受けながらも、それぞれ精一杯生きてきた。晃親王は幕末から明治維新にかけての激動の時代に、伏見宮家という宮家の長子としてご誕生されながら、いやむしろそうであったがために、寺へ入ることを運命付けられてしまったことに抵抗し続けた。その生涯はまさに幕末・維新史と同様、波乱万丈で、ご自分の意思とは全く無関係のところで立場や身分が変わっていった運命と戦い続けたドラマだったともいえる。

特に江戸時代に、親王という立場に生まれながら、無理やりに寺へ門跡として押しこめられてつらい思いをされてきた方が何人もおられたはずであるが、その方々は時代の波に押され、不満の声をあげる機会すらなく、ひっそりと暮らして一生を終えられた。そのような声を取り上げた書というものも今までなかったように思う。晃親王のことを調べれば調べるほど、そのご無念の思いが聞こえ、それら先人方の思いを背負って制度の改革に力を注がれたことが伝わってくるのである。

その生涯をたどることにより、幕末・維新期の宮中、武家、公家社会の様子や動きを知ることができるし、政界を退かれた後に京都で隠居の暮らしをなさっていた時は、皇族の最長老として、天皇がご不在となり心にぽっかりと穴の空いた京都市民にとって、天皇に代わる存在として親しまれたことなどもうかがうことができる。

京都では、平成二十四年三月に「京都の未来を考える会」が発足し、その会合で山田啓二京都府知事から「東京一極集中を避け、京都に皇室一部移転を」との発言があった。まさにその先行事例が晃親王であると言えるので、そのことをもっと広く知ってほしいと思ったことも、執筆の大きな原動力になっている。

本稿では、『山階宮三代』（山階会刊）、「山階宮実録」（宮内庁書陵部蔵）、『京都日出新聞』に明治三十一年（一八九八）二月の晃親王薨去《こうきょ》後から十六回にわたって連載された「山階宮晃親王殿下の御事歴」の記事を基礎的な参考文献にし、さらに幾多の資料を引きながら晃親王の生涯を振り返ることとする。

なお、晃（親王）というお名前は、元治《げんじ》元年（一八六四）孝明天皇より賜ったもので、山階宮というのは宮家設立後の呼び方であるから、正確には「晃親王」とか「山階宮」や「宮」と呼べる時期は還俗《げんぞく》後なのだが、わかりにくいので、最初からずっとそのご称号で記載してある。

また、出家し済範《さいはん》と名乗られた時期もあったので、ところどころでその僧名も出てくる。

※年齢は、本書では数え年とした。また、明治六年に西暦に改められたが、『山階宮三代』では旧暦の年月日で書かれているので、本書もそれに合わせた。

目次

一、宮家について

宮家については、宮内庁書陵部編纂の『皇室制度史料』（皇族四 第五章 宮家の制）に詳しい。それによると、皇族をその名・官名・品位・地名・居所名などを冠して某宮と称することは平安時代頃からあったが、あくまで個人に対する呼称にすぎなかった。

鎌倉時代以降、家号としての宮号が生まれ、やがて代々親王宣下を受けて宮家を世襲する世襲宮家が誕生した。鎌倉時代中期の文献に見られる宮号として、順徳天皇の皇子の岩倉宮があるが、家号としての宮家かどうかの判断ははっきりつかない。家号としての宮家の早い例としては、やはり順徳天皇皇子に始まる四辻宮がある。さらに鎌倉後期には五辻宮、常盤井宮、木寺宮が生まれ、どれも世襲宮家としての体裁を整えていたが、室町中期から後期にかけて消滅した。その直後に成立した伏見宮家を筆頭に、江戸時代には世襲宮家である四宮家が存在した。伏見宮、桂宮、有栖川宮、閑院宮の四家である。

その中で伏見宮家は成立が一番古く、光厳《こうごん》天皇から始まる北朝の第三代・崇光《すこう》天皇の第一皇子・栄仁《よしひと》親王を祖とする宮家である。

宮家は天皇の血統が絶えないようにするために存在し、現在のように天皇と直接の濃い血のつながりはないのだが、時の天皇の養子となり親王として宣下を受け代々世襲して存続していた。伏見宮第十九代の貞敬《さだよし》親王は皇位継承の候補にもなった人物で、晃親王の祖父にあたられる。父の邦家《くにいえ》親王とともに大変子宝に恵まれた方であった。

伏見宮家から明治政府樹立前後には次々と新宮家が誕生したが、いずれも伏見宮邦家親王の皇子、すなわち晃親王とその弟方が還俗(出家して僧の身分になった者が俗人に戻ること)されたり一家を成された際につくられたり引き継がれたりしたものだ。そして東伏見宮、閑院宮、北白川宮、賀陽宮《かやのみや》、久邇宮《くにのみや》、梨本宮《なしもとのみや》、朝香宮、東久邇宮《ひがしくにのみや》、竹田宮、伏見宮、山階宮という計十一の宮家が、戦後の国の皇室改革時まで存続したのである。

山階宮についてご存知の方はそれほど多くはないと思うが、幕末の激動期に中川宮(後の久邇宮)の次に成立し、僧侶として学問などに励んでおられた済範《さいはん》法師(晃親王)が還俗してつくられた宮家である。その頃、幕府をはじめ島津久光ら雄藩の長は、武家と宮廷とのパイプ役になれて国のために広い視野を持っている人物を必要としており、晃親王はその力を見込まれて還俗され、宮家設立となったのである。

山階宮家は三代続くが後継はなく、昭和二十二年(一九四七)に皇籍離脱して、宮家としては存続していない。しかし二代目の菊麿王《きくまろおう》の次男の山階芳麿《よしまろ》氏は、鳥類の研究者として名をはせ、山階鳥類研究所を設立され、現在は秋篠宮殿下が研究所の総裁になっておられる。御結婚前の紀宮様が勤務されていたこともあって、皇室とのパイプは今なお続いている。

二、宮家のお子として

晃親王は、文化十三年(一八一六)二月二日に伏見宮邸にてご誕生されるが、虚弱だったため秘密のお子として扱われ、すぐに伏見宮家お抱え医師の金澤隆壽宅に預けられた。その後無事に育たれたので、九月の吉日である十日を選んで屋敷に戻られ、ご誕生の披露が行われ、静宮と命名される。ご父母や養育者について諸史料からまとめると、次のようになる。

実　父……伏見宮邦家親王(伏見宮第二十代・二十三代)
生　母……藤木壽《よし》子様(上賀茂社家。正四位下因幡守賀茂県主藤木辯顕の長女)
　伏見宮家の女房の一人で、梅崎と呼ばれていた。
父……………伏見宮貞敬親王(実の祖父)
母……………(伏見宮貞敬親王妃)輝子様(関白左大臣一條輝良娘・実の祖父の妻)
養育係……諸太夫(田中信濃守、後藤因幡守)
乳　人……山科能登守の娘・朝子

乳　母……教王護国寺の候人新庄加賀の母・昌子・かつ女（昭和三十八年の宇治市長・新庄義信氏の祖母）

三歳よりのご養育兼教育係……山科重子

実　母……召仕・千枝（九月七日、実母と定めるとある、身の回りの世話掛であったと思われる）

晃親王は伏見宮邦家親王の第一皇子だが、邦家親王がいまだ十五歳で正妃もおられなかったためか、祖父の貞敬親王の第八皇子として届け出がなされた。また、ご誕生日も九月二日で登録されている。明治二十二年（一八八九）十一月にご本人の希望により本系に復し、邦家親王第一皇子となるのではあるが、秘密のお子として扱われたり、親も違って届け出がなされたりで、波乱含みのご誕生であった。

ご誕生後、前述のように大勢の人が晃親王の養育に関わっていて、どこの宮家でも同様だとは思うが、一般家庭のように直接父母の手によって育てられてはいない。生母の壽子様の名は、記録にその後ほとんど出ることなく、産みの親でありながら子育てには直接関われない状況が垣間見られる。藤木壽子様は後日に北大路壽子との記載があり、北大路家へ嫁がれたことがわかる。

天皇家でも同様の事情で、今上天皇の場合、美智子皇后が嫁がれるときに「天皇陛下が家庭の温かさを知らずに育たれたことに驚いた」との感想を述べられており、ご自分の子育てについては家庭的でありたいと、古い制度を多々改良されたことが伝えられている。

山科重子（祖父貞敬親王の侍女、文政七年〔一八二四〕右兵衛督に任ぜられる）が、晃親王の実の母親のようにご養育・教育に当たり、親王も慕いなついて、まさに母親の温かみを感じさせる存在であったようだ。感情的なことはほとんど書かれていない、事実の羅列をした記録書である『山階宮三代』の中で、例外的な記載として、天保七年（一八三六）七月六日に重子が亡くなった時に「親王痛哭《つうこく》あらせられた」との記事があり、お二人の心の通じ合いが感じられ、目を引く。

また天保十二年（一八四一）七月の重子七回忌には、親王が新善光寺内に墓碑を建て墓誌を選書して刻まれ、現在も墓石にその文が残されている。親王にとって本当に大切な方であったことがよくわかる。

晃親王は、成長につれ母儀《ぼぎ》（母に当たる人）が増えた。文政元年（一八一八）五月、光格上皇との養子縁組のため、新大納言局園正子様（光格天皇典侍）が御母儀と治定された。また、親王宣下（皇族の子に親王の地位を与えること）を受ける際、天皇（上皇）と養子縁組をするため母儀が増えるという事態も生じた。さらに実父邦家親王が鷹司《たかつかさ》前関白左大臣政熙《まさひろ》の娘・景子《ひろこ》様を妃としたので（天保六年十一月）、さらに母儀が増えている。

また、宮家の子どもとして、次のような節目の行事のあったことが記録されている（『山階宮三代』「山階宮家録」）。

御喰始・御髪置・御歩行始の儀　文化十四年（一八一七）八月五日〈二歳〉

中御霊社へご参詣後、お祝いの席が設けられた。

御喰始（お食い初め）は、お供えとして一献目は土器一枚の上に飯を盛り、その上に青石を二つ置き、三方にのせたものなどが用意された。二献目には小豆が入っているお知恵粥があり、これはお供えして下げた後、表、奥とも、お家中に振る舞われた。

同じ日に三つの儀が行われたが、それぞれ別の御膳（御髪置、御歩行始の儀の一献目はお酒）が用意されている。

御色直の儀　文政元年（一八一八）十二月十一日〈三歳〉

初めて色のついた衣服を用いるお祝いの儀式。御里坊にて行われ、禁裏、仙洞、中宮御所に御献物と御祝儀を贈答されている（勧修寺境内に御里坊があったらしいのだが、具体的な場所はわからなくなってしまっている）。

初節句　文政二年（一八一九）五月一日〈四歳〉

禁裏、仙洞御所より、初節句の御祝儀に幟、鐸、薬玉を拝領。本来の初節句は文化十四年（一八一七）のはずだが、内内にて祝うとの記載あり。

御深曾木《ふかそぎ》の儀　文政三年（一八二〇）十一月二十七日〈五歳〉

世間一般の七五三に当たる儀式で、皇室でのみ行われる。初めて袴《はかま》を着けるので御着袴《おちゃっこ》の儀とともに行う。小松と山橘《やまこうじ》を持って碁盤に上がり、盤上に置かれた二つの石を踏み、決められた方向を向き、御髪を整える整髪の儀式である。

平成二十三年（二〇一一）十一月三日には、四十一年ぶりに秋篠宮悠仁《ひさひと》様の深曾木の儀が行われ、新聞記事になり話題になった。

悠仁様の深曾木の儀
（宮内庁報道室 提供）

改衣の儀　文政九年（一八二〇）十月二十五日

禁裏御所よりの仰せにより改衣とある。

酒湯《ささゆ》の儀

疱瘡《ほうそう》など大きな病気快癒のお祝いの儀のことで、疱瘡になられ回復した後の天保五年（一八三四）三月十六日に第一番酒湯の儀、三十日に第二番、四月二日に第三番が行われている。

御有卦《うけ》

有卦に関連しては、禁裏御所より物を拝領したり、逆に進物をされたりしている。

有卦とは、人の生まれ年の干支により運勢が吉運となる年回りのことで、「有卦に入る」と幸福が七年間続くとされた。今は迷信として扱われているようだが、当時宮中ではこの行事が頻繁に行われ、進物を取り交わしていたようだ。

たとえば、『山階宮三代』には、次のように数多くの記載がある。

天保五年五月十五日条
　御有卦入につき仙洞・大宮御所より物を拝領せられた。
天保七年十二月七日条
仙洞御所の御有卦明け御酒宴に不参せられ、御祝儀を御進献の上、帰山せられた。

同八日条
　禁裏御所の御有卦明けの御酒宴に御不参になり、御祝儀を献上せられた。
天保八年八月一六日条
　御有卦入につき禁裏・仙洞・大宮御所並びに儲君統仁親王に進献せられた。是日三宝院新門主より有卦に入るにつき御招請あり、之に成らせられた。
同二十八日条
　是日御召によって、仙洞御所の御有卦入の御酒宴に陪せられた。
同九月二十三日条
　仙洞御所にて御有卦明けの御能を催されるにつき御上京になり、同御所に参入せられた。
同十月二十七日条
　禁裏御所の御有卦入御酒宴に御祝儀を献上せられた。

村山修一著『皇族寺院変革史―天台宗妙法院門跡の歴史―』では、一ページ半にわたって有卦入についての解説がなされている。
　要約すると、有卦入は陰陽五行説から出た迷信であって、十二支を人間の一生に配当して七段階を有卦、五段階を無卦とする。人は、木火土金水のいずれかの性に属し、その性で有卦入り、無卦入りの年月が決まる。これは易書『五行大義』に出ており、中国の隋以前から知られていた。日本では江戸時代・寛文の頃から流行した民間信仰のようであるが、上層階級の密教寺院で言い出された可能性もある。

有卦入の人は「ふ」文字のついた七種のものを供える風があった。具体例が記されており、元禄頃からは祝儀物を交わすようになり、「昆布は最もよく用いられるほか器物衣類が選ばれ、かなり高価なものも含まれていた」と結んでおり、さらに後のページに元禄十五年五月の例を引き、「有卦無卦祝いがどんどん派手になり、お祭り騒ぎの様相を呈してきた」とある。

庶民の村の夏祭りのような楽しみがない宮中では、楽しいお祭りのような儀式だったのかもしれない。

御生魂祝《いくむすび》

『山階宮三代』の元治元年（一八六四）七月十一日条に、「是日宮中で御生魂の祝いが行われるので、三種一荷を献ぜられた」とある。

生魂とは、『皇族事典』によると、延喜式に見える神祇官八神のうちの一神で、物を生産する能力を神格化したもの。天皇の守護神であり、宮中の鎮魂(御霊鎮目)祭の祭神である。

三、勧修寺相続

晃親王は、ご誕生の数カ月後の文化十三年（一八一六）十二月二十九日には勧修寺《かじゅうじ》門室相続が内約され、翌文化十四年八月に、仁孝《にんこう》天皇より勧修寺相続が仰せ出された。そして文政元年（一八一八）四月（三歳）には、伏見宮邸より勧修寺に移り住まわれている。

勧修寺は皇室との縁が深く、特に伏見宮家からの法親王（皇族が出家した後に親王宣下を受けた場合の称号）の入室が最も多い寺であった。三十五代勧修寺門跡・寛宝親王（邦頼親王・晃親王の曽祖父）は、伏見宮家の継嗣がないため還俗され、その後、五十年近くにわたって無住状態が続き、一日も早い住職の入室が望まれていた。

これはどういうことかというと、平安時代以降、皇族や貴族などが出家して特定の寺院の住職を務める門跡《もんぜき》制度というものがあった。後には晃親王のように、幼いうちに門跡の相続が決められ、運命を定められてしまうこともあった。門室を相続して門跡となり、門跡は主として人を指す言葉だったが、だんだんと広範囲に用いられるようになり、門跡がいる寺院そのものを指すようにもなっていった。

このような事情の下、勧修寺入室は山階宮のご誕生と同時に請願されたもので、宮のご意思とは無関係のところで決まっている。内約した時、関係者は大変な喜びであったに相違ない。しかし宮におかれては、全く不本意なことであったようだ。

寺へお連れした際、「家にかえりたい、かえりたい」とぐずられたそうだ。困った側近たちが知恵を絞り「この寺では、庭の前の木にぼた餅の花が咲きます」と申し上げて何とかご機嫌をとり、何日かたってから早朝に必死になって書院前の梅の木にたくさんの餅をつけて、とどまっていただくことができたとのエピソードがある。これは、私が小さい頃に母より聞いた高祖父についての逸話の一つである。このエピソードを、勧修寺住職の叔父に確かめてみたところ、やはり同様の話をご存じだった。さらに「これは、大正の頃だったか、宮家の二松《ふたまつ》氏から私の父の藤麿が聞き、昭和三十年頃に父から私が聞いたお話です。この梅の木は〝臥竜の老梅〟として今も書院の前庭にあり、四代目の木が節分の頃には白い花を咲かせております」とのコメントをいただいた。宮はご晩年、「ぼた餅の木を見に行く」とおっしゃり、何度も勧修寺に御成りになったそうである。

学問など

晃親王は勧修寺に門跡として入室されたので、必然的に真言宗の僧としての勉強を中心になさっておられる。そのほか、奉幣《ほうへい》（神に供えものとして、幣帛《へいはく》をささげること）、書、楽器などの稽古もされている。

このように朝廷と関係を保ちながら行を重ね、僧侶としての道を着々と歩まれたご様子がわかる（表1参照）。

しかし僧としてのご身分が上がっていっても、ご本人はずっと僧侶という立場に不満を持たれていたことがわかる。還俗後一貫して主張され続けた門跡制度に対する改革の提案は、そのお気持ちのあらわれと言えるが、それは後で述べることとする。

表1 学問と僧侶としての道

和暦（西暦）	齢	学問	僧侶としての道
文政五年（一八二二）	7	学問のスタート 三教指帰の稽古（五月十六日より月一回）……慈尊院の権僧正・住寶（海寶）より 舎利礼・真言陀羅尼経などの稽古……理趣院僧正・隆賢より 読書・手習の稽古……稲葉内匠ほか数人より	
文政六年（一八二三）	8		八月　光格上皇より清保の名を賜り、親王宣下を受ける
文政七年（一八二四）	9		五月　得度され、僧名は済範。済範法親王の誕生となる
文政九年（一八二六）	11	万善寺深戒より十巻抄附法伝素読の稽古（三月より） 文選の読書（六月より月十日間・一年間）……儒者・永緒貞吉より	
文政十二年（一八二九）	14	筆道入門……一条忠良に師範を依頼	十一月　東大寺別当に就任

天保二年（一八三一）	16	四書五経等経書を聴講	八月二十七日　東寺にて、伝法印可(※注1)の伝授……海寶より
天保三年（一八三二）	17	祖父・貞敬親王に琵琶入門	
天保四年（一八三三）	18	炎魔天供の伝授……海寶より 奉幣伝授……神祇伯・白川雅壽王より	十月　朝廷より正倉院宝庫屋根吹き替え修理のための開封の儀の立会を、また、天保七年修理完了後の閉封の儀を仰せ付けられて奈良に赴く
天保八年（一八三七）	22	尊超親王（有栖川宮織仁親王皇子）に書道入門 舞楽を多下野守、山井左近将曹に習う	十一月二十日　二品宣下(※注2)を受ける
天保九年（一八三八）	23		三月と十二月　禁裏御所より十七日間東大寺及び塔頭の竜松院に、光格上皇の病気平癒の祈祷をするようにとの達しがあり、御祈祷をして祈祷巻数を仙洞御所に献上する（その後、天保十一年十一月十九日に光格上皇が崩御されるが、その前後、祈祷を繰り返し行う） 八月　仁孝天皇の病気平癒の際の祈祷の御礼として、御所より物を拝領。 十月十五日　一身《いっしん》阿闍梨《あじゃり》(※注3)宣下

			十二月二十二日　護持僧宣下を受け、僧としての地位をますます確固たるものとする
天保十年（一八三九）	24	楽人安倍雅楽助に入門し、琵琶と篳篥《ひちりき》の稽古	

※注1　印可とは、密教や禅宗で師僧が弟子に法を授けて悟りを得たことを証明、認可すること。

※注2　品位《ほんい》とは、奈良時代から江戸時代にかけて親王・内親王に授けられた位階で、律令で定められており一品から四品まであった。一品が一番上で、品位に叙されてない親王は無品親王といった。

※注3　一身阿闍梨とは、貴人に与えられる僧侶としての最高の地位である。

四、出奔事件

晃親王は、天保十二年（一八四一）、二十六歳の時に重大事件を起こされる。同年十月八日より二十日間にわたり、届け出上は母親違いの妹（実は叔母）の幾佐宮《きさのみや》（二十四歳）とともに近《きん》習《じゅ》のみを連れ、姫路方面に無断で出奔されてしまったのである。当時ご身分ある者同士の色恋沙汰の事件として、今で言う格好の週刊誌的ネタとして広まったようだ。『天保雑記』（作者不詳・内閣文庫所蔵史籍叢刊）には、伝え聞いたかなり詳しいいきさつが書き残されている。たとえば、勧修寺宮（晃親王）は近習一人を召し連れ、持参されたお金は二匁《もんめ》、姫君は乳母一人を連れてお金を五匁持っておられたとか、宿泊された播州姫路の宿の主人に伝え聞いた宿泊時の様子とかが書かれている。武家に捜索を依頼し、ついに居場所を見つけ駕籠《かご》を用意してお帰りいただくように説得した時のいきさつも書かれており、駕籠に乗る際にその地（播磨）の名物を尋ねられてホタテとお答えしたとある。

若気の至りというような突発的行動であって、『天保雑記』の記載からは至ってのんきなご言動が感じ取れるが、実際にはかなり大きな波紋を生じる結果となる。

その年の正月十八日には、祖父の貞敬親王が薨去されて伏見宮邸に行かれることが多々あり、若いお二人が顔を合わせる機会も多く、恋心が芽生えたことは十分考えられる。

また出奔された日の翌日は、幾佐宮の年の離れた妹である東明宮《とめのみや》の関東の一橋家へのお輿《こし》入れの日に当たっており、嫁ぎ先の決まらぬ失意の幾佐宮を、兄である親王が慰め支えられたという状況も想像できる。

このことに関して浅見雅男著『伏見宮』では、幾佐宮が他の伏見宮家の皇女たちとは異なって、門跡にも入らず結婚もされていないことに遠因があるかもしれないと、同様の推測をしている。幾佐宮がどうしてそういった状況に身を置かれることになったのか、浅見氏もいろいろと分析をしているが、結局のところよくわからない。

ウェブサイトで親王について書いている阿哈馬江氏のホームページ（最終閲覧日 二〇一四年十一月九日）から、親王の出奔時の記録が、外記《げき》の「平田家文書」（早稲田大学図書館蔵）に残されていることを知った。

外記とは、律令制における朝廷組織の太政官に属した官職の一つで、少納言の下に置かれ、詔勅の勘正（訂正）、上奏文の作成、朝廷の儀式・公事の奉行を行う役であった。時代によって地位や人数等に変化があるが、江戸期からは押小路家が局務《きょくむ》（大夫外記の筆頭職）を世襲し、各省の地下官人を動員して職務遂行に努めた。この地下官人達を「外記方」と呼び、六十家以上存在したと言われ、平田家はそのうちの一家と考えられる。

平田家も代々外記を世襲し、何代にもわたって「日次記」を書き残している。早稲田大学図書館に保存されているものは、宝暦四年（一七五四）から明治十二年（一八七九）までの一二九冊・一七巻に及ぶ記録である。和綴じの帳面に日々の記録が書かれており、かなりたくさんの虫食いの跡があるがきれいに保存されてあった。そのうちの天保十二年十月二十日条から次に引用する（かっこ内は著者の現代語訳）。

一、当月十三日伏見故兵部卿宮御息女、関東一橋殿江御入輿云々、当年八歳ニ為成給姫君云々

（伏見宮貞敬親王の娘で八歳の東明宮が、十三日に一橋徳川家に御輿入れされる）

一、右前日十二日夜右御輿入之姫君御姉君当年廿五歳ニ為成給御方与御乳人共ニ出奔給御行方不相知、宮之御騒動愁傷不大方、此節先内蜜（ママ）ニ而諸方江分人御穿鑿最中云々、併何以伝奏廻ヲ武辺江御届従武辺之吟味ナラテハ難知由専風聞区候、予昨日関知于実希代珍事前代未聞誠奇怪畏入之至也、尤関東御発輿之前晩御混乱中故出給口不相知云々、誠宮之御騒動而已ニアラズ京家之瑕瑾速ニ内々ニ而出現給様奉祈事也、雖無益任筆次記于是矣

（お輿入れの前日の混乱時に、二十五歳の東明宮の姉の姫君が乳母とともに出奔され、行方知れずになった。初めは内密に探していたがどうにもならず、武家に届けて探しているが、このようなことは前代未聞の珍事である。速やかに出現されることを祈る）

さらに十月二十九日条には、次のようにある。

一、伏見宮姫君去十二日出奔給ニ付、御内分ニ而色々雖御吟味不相知給ニ付、無詮方武辺江御届ニ相成従武辺与力同心等諸方江手分依吟味漸々頃日出現給云々然ル処勧門主右姫君ト御訳有之御同伴伏見ゟ御乗船播州明石迄参給之処、明石ニ而□与力同心奉追付奉迎帰由風聞、誠ニ前代未聞絶言語珍事勧門主侍両人召具給於姫君ハ御乳人ト両人都合五人ニ而御出給内云々、何分御調中云々如何、

（姫君が与力同心の力で見つかった。勧門主とご一緒で、全部で五人での出奔であり、明石で追いつき、お帰りいただいた）

この二日間の記載から事件の概要がわかる。しかし、お二人がどんな思いでこの事件を起こされたのかを知る手掛かりはない。当然取り調べで二人のお気持ちは話されたとは思うが、

取り上げられることなく葬り去られたことだろう。

親王は二十八日に京都へ戻られた後、坊官二松隆房宅に籠居され、沙汰を待つこととなる。十二月六日付けで、父親である伏見宮へも文書で「御惑乱の儀、御取調中、公武共吉凶万端、御遠慮有る可く仰せ出候事」(『山階宮実録』『伏見宮日記』)旨の通告が出された。

翌年七月、ご身分があり、かつ僧体でありながらこういう事件を起こされたことに対し厳重な処罰が下され、親王は全ての資格が剥奪されて一僧侶・済範のご身分になり、東寺真性院に厳重蟄居《ちっきょ》を命じられる。その後、文久三年(一八六三)還俗されて宮家を興すまでの二十二年間は、ひたすら修行の日々を余儀なくされる。

『山階宮三代』にも、その間写経をされたなどの記載が数回見られるのみで、どんなご様子で過ごされていたかがわかる記録は全く残っていない。真性院は取り壊され、現在は学校のグランドになっており、東寺の学芸員の方のお話では、塔頭の記録等は散逸してしまって見当たらないそうである。

『京都日出新聞』の明治三十一年二月十九日付(一)と二月二十日付(二)の「山階晃親王殿下の御事歴(一・二)」に、少しその時のご様子が書かれている。

事故ありて、天保十三年七月殿下は勧修寺より教王護国寺内の観智院へ移らせられ、塔中真正院を御座所として御研学あり。海寶僧上は毫も御仮借し奉まつらず厳重に師導訓励し奉つりしかば御学識は浸々として日に進ませ玉ふ。

（一より抜粋）

尚ほ詳細を承たまはるに御師範たる観智院海寶大僧正は梅園左兵衛督實矩卿の三男にて性質剛直俊邁夙に真言宗の大徳碩学として尊崇され上足の弟子三人あり。一を宏寶、二を真寶、三を覚寶と云い之を東寺の三寶と称へけるが海寶僧正は常に此三寶を殿下に拝従しまいらせ、いよいよ御学問を奨励させまいらせ、また侯人中より武内伊賀なるものを一人侍侯させ、他の者には決して御面謁を賜はるを許さず。日々の御食膳御献立のごときも皆海寶僧正の定むる処にして豆腐湯波等の精進物なりしは勿論とす。

（二より抜粋）

また、海寶より施食作法の伝授も受けられている。このように、法親王のままだったら経験されなかったであろう多々の修行をされている。この時の厳しい学問の研鑽が、後の活躍の土台となり、規則正しい生活や食事が健康で丈夫なお体をつくったといえるだろう。

海寶僧正は弘化四年（一八四七）に遷化《せんげ》（高僧が亡くなること）し、晃親王はその後、仏土院舜寶と浄土院宏寶にさらにお預けの身となる。親王はこの三人を生涯の師とされ、後年、師

第15世 海寶像（東寺蔵）

の墓参は欠かさず出向いておられる。

観智院には歴代の院主の肖像画が残されているが、海寶の肖像画に晃親王が色紙の賛を書かれており、観智院の図録に載っている（右の写真参照）。

『山階宮三代』の嘉永五年（一八五二）九月二十五日（三十七歳）条には、「年来深く御謹慎且つ日々勤行も怠られなかったので、是日より夜間に限り大師堂以下諸伽藍に参詣することを許された」とある。つまりそれまでは、外出もままならず、ずっと真性院の中にこもりっきりという状態であったということだろうか。

また父の邦家親王も、天保十三年（一八四二）七月二十九日に監督不行き届き（家事万端不取締の故）で閉門の沙汰となっている。かねてよりのご本人の希望もあったようだが、この事件がきっかけとなり邦家親王は八月二十七日に隠居落飾し、家督を七歳の睦宮《よりのみや》（のちの貞教《さだのり》親王）に譲られている。

幾佐宮の方は剃髪され瑞龍寺に生涯お預けの身となり、万延元年（一八六〇）四十歳そこそこで病のためひそやかに一生を終えられている。幾佐宮の生涯をとても哀れんで何とか罪を許してほしいと、妹に当たる中宮寺宮尊澄成淳尼が働きかけ、甥の賀陽宮朝彦親王《かやのみやあさひこしんのう》が朝廷に請願され、元治二年（一八六五）正月やっと勅許され罪が許された。

幾佐宮に関する記事を、『朝彦親王日記』と『孝明天皇紀』から拾ってみる。

『朝彦親王日記』二　元治二・慶応元年正月二十二日条

一（前略）喜佐姫一条予ゟ嘆願差出ヘクヤ、昨夜以浦野右京大進相談之所右之義モ申来候事

同二十三日条

一故幾佐姫不行状ニ付去ル壬寅（天保十三年出奔之咎）年取除伏見宮家系剃髪蟄居被　仰付、其後謹蟄居候所庚辛

年依病気死去之事ニ候、就而ハ中宮寺先年来深恐縮心痛之趣ニ候処、昨年ゟ所労ニ而殊更此節不相勝趣承気之毒ニ存候、故幾佐姫義死後ニハ候得共何卒格別之蒙　御憐愍候ハヽ、　中宮寺宮ニモ畏入候与存候間是等之所宜披露頼入候也

右之通ノ以書面両伝江封書ニ而差出ス、野宮月番故野宮江附候事

落手之旨返答也、尤使ハ肥後守遣候也

一天保十三年壬寅年七月廿六日勘気

万延元庚申年六月廿六日逝去

右幾佐姫勘気逝去年月也

同二十九日条

一昨夜故幾佐姫儀　御憐愍蒙　御沙汰、即刻　野宮迄以肥後礼申入且内談ニ為及候処、両奏且明日非蔵人口ニ而議奏迄御礼且関白殿等ニ而宜旨示之由也、即時飛鳥井江参其後伏見家ヘ被参蟄居御免相成候様、御申入御座候様ト申入候事

『孝明天皇紀』慶応元年正月条

二十八日甲子朝彦親王賀陽の請を聴し故幾佐姫の籍を伏見家に復す

(言渡)正月廿八日故幾佐姫先年被除伏見家系図候処、此度復系之事尹宮願之通今日被

聞食候由、武伝被届

（九條家記）正月二十六日自一條家伝達書

上略 抑別紙尹宮願書之趣、全体ハ不容易儀ニ被思召候得共、昨年常陸宮モ武家之挙奏ニテ被免候先例モ有之候間、出格之以御憐愍尹宮懇願被聞食伏見家復系可被許哉先御所意被尋下候、如例次第御伝達可有之候（後略）

幾佐宮は出奔当時仏門に入られていたわけでもなく、ご自分よりもかなり年下の妹が将軍家に嫁ぎ、自分は取り残されてしまったという失意の思いを感じられていた中での思い切った行動であった。その結果、身分剥奪の上、亡くなるまでずっと寺に閉じ込められてしまったのは、あまりに厳しいおとがめといわざるを得ない。今と時代が違うとはいえ、亡くなるまで、取り残されてしまった身のご不幸を嘆き悲しまれたご生涯を思うと、幾佐宮のご生前に誰かがもっと強く、許されるように働きかけられなかったのかと、本当に残念に思う。

幾佐宮がお預けとなった瑞龍寺は、豊臣秀次の生母・智《とも》が、処刑された息子や一族の菩提を弔うために出家し、以前から帰依していた日蓮宗の寺院を嵯峨の村雲に築いたのが始まりである。後陽成天皇に寺領と寺地、そして寺号「瑞龍寺」を与えられ、日蓮宗では唯一の尼門跡寺院となった。別名村雲御所と称し、江戸時代に嵯峨より西陣に移転した。現在の西陣織会館が寺のあった場所で、会館の玄関には村雲御所跡の石碑が立っている。

瑞龍寺の第十世の門跡であった村雲日栄尼は晃親王の妹に当たり、親王の晩年、親王主催の定例の茶会にはほとんど出席し、また外出の際には行動をともにされることが多かった。

明治新政府の方針で、皇室内の仏教色を取り払うべく皇子方が皆還俗した後に皇女の還俗が強要された際、それをきっぱり断り、一生仏教に身をささげる決意を表明され、この時期に皇室と仏教の結びつきを維持する原動力となった人物のお一人である。晃親王のよき理解者であられたと思われる。

このように、瑞龍寺は伏見宮家との結びつきが強かった寺であった。

昭和に入って衰微し、昭和三十六年（一九六一）に豊臣秀次ゆかりの近江八幡に移築されたが、無住が続き荒れてしまった。その後入寺した十二、十三世の力で再興を果たし、現在は十五世の男性の門跡さんが寺を守っておられる。

お寺の方のお話だと、村雲御所と呼ばれた御所と本堂は移築されそのままあるそうだが、それも幕末頃に改築されたものであるそうだ。もう古い文献など何も残っておらず、十二世門跡の頃からの史料はあるが、もっと昔のことは何一つわからないとのことだった。移築された本堂が、幾佐宮が蟄居時のものであれば偲ぶことができ供養になるとも思われたのだが、残念ながら年月がたちすぎて、わからなくなってしまっている。

話を晃親王の方へ戻す。やはりその境遇のご不幸に同情している人物がいる。

その方は晃親王に仕えたこともあり、茶のお仲間であった羽倉信度氏の孫の羽倉敬尚氏で、次のような感想を述べている。

全く壮年健在の身で、朝暮の寺の勤め等に慊《あきた》らざるものがあったとしか思はれない。これが当時、同じ貴族階層人であっても俗人で例えば藩侯公子の如きであればさして大事にもならずウヤムヤに葬られて伝はらないことがあろうと思う。(中略)一体かかる王子または王女が、昔若くして親元を離れて仏に入るを予儀なくされたことは詮ずる所、経済上からきてをるので近世では幕府の対京都政策が因をなしてをるのであろうが、人間的に考へても矛盾がありお気の毒のことである。(中略)宮はかかる前代の制度下の矛盾に身を挺して抵抗せられ、その為に犠牲になられた方と見るべきであろう。(後略)

さらに紹介されている無題の短冊からも、その心情が感じ取れる。

「悲しとは誰が云いそめしことならん　われに等しき人のありけむ　　済範」

(『知音』第八十七号　昭和三十八年六月発行 宗徧流〈茶道〉機関誌)

門跡制度は、天皇の継嗣が途絶えないように存在する宮家が、現在のように正妻のみではなく側室が大勢いるのが普通の時代に、たくさんの子どもが生まれその養育にかかる費用が莫大なものだったため、その軽減を図って寺に入れてしまうという言わば口減らしになるのと、親王、内親王が住持となればその寺の格はぐっと上がるという、双方にとって都合のよい制度であった。

今でも京都において、門跡制度はとうになくなったにもかかわらず、門跡と名乗る寺は一目置かれる存在である。しかし寺に入れられた側にしてみたら、そういう時代だったとはいえ、不本意なことだったに違いない。運命と思いあきらめた方もあるだろうし、水を得た魚のように仏に仕える生活を楽しんだ方もあったろう。しかし、納得できず不満に思っていた方も多くいたはずだ。山階宮は特にその思いを強くもっておられたと思われ、重大事件であった出奔騒ぎも、心にあったご不満の発露の一つだったと考えられる。

『玉里島津家史料』の第一巻一三〇号に「済範法親王ノ神仏論」という題で、元勧修寺宮済範入道御作という晃親王ご自身の文章が残されている。日本の国の歴史を振り返り、仏教や儒教が国に与えた影響をご考察、仏教に対するご批判も述べられている。そのあとに次のような文がある（かっこ内は著者の現代語訳）。

中世以来政在武臣、朝権之棄至於是、故　皇族無尺寸之処、故往々児而入寺剃髪胡服、哀哉、蓋非信其教也、不得止也、（中略）予幼而為仏徒、亦非所好也、不得止也、故外奉仏氏之律、内信神聖之道（後略）

（中世以来、政治が武家の手にゆだねられて、皇族の行き場がなくなってしまい、子どもの時に剃髪させられ、寺に入れられる。哀れなことだ。仏教の教えを信じたからではなく、やむを得ずのこと。自分も幼くして仏徒になったが、これも好んだからではなくて、やむを得ずであった。それ故に、外では仏教の律に従っているが、内では神聖の道を信じている）

晃親王はこのように述べ、ご自分の置かれた立場の不満を表明されている。この文は文久二年（一八六二）初冬（四十七歳）に書かれている。

五、還俗までのいきさつ

安政五年（一八五八）五月（四十三歳）、平素深く悔悟し謹慎されていたので、山階宮は蟄居を宥免《ゆうめん》され、勧修寺室外（慈尊院）への帰住を許される。勧修寺の旧臣の度々の幽閉免除の訴えを朝廷が聞き入れ、このような沙汰になったが、依然宮御殿には入ることはかなわず、勧修寺の裏の寂れた慈尊院に住まわれることとなった。

文久三年（一八六三）十月、尊王攘夷の嵐が吹き荒れて京都中が騒然とした情況の中、島津久光が召命により上京して国事の周旋に着手し、朝廷の要路に具眼達識の人材を求めていた。そこへ謹慎中に知識を蓄えられていた山階宮が、憂国の志を抱き、ご見識も高く海外の事情にも関心が深いことを、国分定胤（宮の側近）、井上石見（薩摩藩士）より高崎佐太郎（正風）が漏れ聞き、直々に説を拝聴するため、参上し会見した。

山階宮は、時務七十余条を列記した一巻（現存しないので詳細についてはわからない）を示され、世界地図を持参して西欧諸国の国情についても述べられた。佐太郎は宮の幅広い知識と説を聞き、感嘆して久光に報告する。それを聞いた久光は、宮の朝廷参与を周旋することにする。

この時のことを、佐太郎（正風）は晩年に述べており、『史談会速記録』「男爵高崎正風君国事に尽力せられし事実」に書き残されている。少し長くなるが、その当時の事情がよくわかるので紹介したい。これは、明治二十八年（一八九五）七月九日、高崎正風臨席のもと、数人の質問に答えそれを速記した記録になっている（筆者が読みやすいように改行し、適宜現代仮名使いに改変し、読みがなを添えた）。

岡谷　山階宮を御引出申しになりましたはどう云う御続でござりますか。中山公の日記かで見ましたところ、アノ様な坊主を引き摺り出すは朝家の衰えの本歎息々々などとヒドク記してございました。近衛公もそれには御同意になったということを聴いて居りますが。

高崎　アレは私が記憶しております。

丁度（松平）春嶽公・（島津久光）三郎公・（伊達）宗城公の三公が御出の時分で、何分朝廷にては攘夷説ばかり御聴込みになっておりまして、欧羅巴《ヨーロッパ》のことなど御話申したところが一向に分からない。

吾々は攘夷はしなければならないが、到底これでやることはできない、それで海防も厳にし、軍艦も整えた上でなければ出来るものではない、無謀無策ではイケない、それには彼れの事情も知らねばならぬ、今の有様で往けば遂には下の者が早く開化してくると所謂尾大棹《いわゆるびだいふる》はずという勢いになるから、どうしても朝廷の元方で少しは西洋の事情も知って居る者は居なくてはイカないといふようなことで、近衛様を叩いて見るところが顔を顰《しか》める位でございました。其時分醍醐忠順さんが先づ洋癖家と云われた位であったが、是れは本統に西洋好きで、硝子のコップやピストルなど玩《もてあそ》んで居られたが、他の公家衆はソンナ物は穢《けが》はしいというような訳《わけ》でございました。

夫れから先づ誰か人物がありそうなものであると普く探しましたところ、國分文友という畫かきがある、是は京都では有志家の中であった。私の朋友井上などは懇意であって、其國分から井上に斯う云う方がある。其方は漢学もあるし、欧羅巴の事なども分かって以太利《イタリー》ハ斯ういう所に、佛蘭西《フランス》は此所にあるとか、或は何処は共和政治で、何処は君主独裁であるとか云ふことも知っておられる。夫れから攘夷などの事に就いても考えがあるから、私が御供して往きましょうというようなことで、井上が参ってお目にかかりましたところ色々に悉《ことごと》しくお話しがあったそうで、井上も感心して此方なら宜かろうと云うことで、夫れから私に往って見て呉れといふことでござりましたから、又國分の案内で往ったところ、勧修寺内の離れたる一室に御住居にて、非常に御零落の御有様で実に落涙いたしました。

さてお話を承るに果たして攘夷の策というものを七十箇条も書いていらっしゃる。何処其処《どこそこ》に関門を置くとか何処を防がなければならないとか云うような訳でほぼ西洋の事情にも通じて御座って色々絵図など示されましてこっちは吃驚《びっくり》しました。

夫れから是は妙だ。此の御方が主上に直接御話をもされたら無謀無策の説は起こるまいと考えまして二度ばかり参りました。（中略）

私も戻って春嶽公と三郎公と宗城公に斯《こ》ういう次第だと申し上げたところ、それは妙だ。貴様達が言う通りなれば誠に頼もしい御方であるから吾々尽力して是非引き出そうじゃないかという訳でございました。しかしながら私共が試みたばかりではいかぬから、あなた方御三人の中でどなたか御出なされましてもう一度御話なされたらよかろうということになって宇和島さんが往くことに極まりました。その時は井上が御供したと思います。

往って段々語を交えて御覧のところ大変感心せられたものと見えて帰ってきて私に御話には御前達が言うよりもエライ方だ。此の方が廟堂に立てば吾々の言う事が分かってよいということになって、近衛関白に説いたところが関白にも御同意で御用になる手順になりました。

そうすると今度は尹宮《いんのみや》（中川宮）が御困りで何か謂《いわ》れがあらっしゃってか、頻《しき》りにそれを御拒みになった。けれども、是非というので、それなら大納言に出すほうがよかろうということで、近衛様も困って三郎春嶽宗城などもご相談になりました。すると御引出しなさる位なら大納言位では何にもならない。是非親王でなければならぬというわけでそれから今の近衛関白から申し上げて而《しか》して親王宣下がございました。

其前勧修寺にいらっしゃる頃に何か御不都合なことがあってそれから済範法師というただ人になって、東寺に押籠められていらっしゃった。其間に学問などは為《な》されまして、書なども大子様をおかきなさるようになりました。

それから、色々の事が分かって長州人岡村熊七など云う学者をお招きになって御学問などなされましたから他の人とは違って知識が開けている。旧勧修寺に御帰り後も本寺にはいらっしゃらなくて隠居みたいな所の根太などの歪《ひず》んだ所に御出でありまして、私など其所でお逢い申しました。（後略）

また、山階宮の残された和歌を集めた『嘯月《しょうげつ》』の巻頭にも、その時のやりとりを歌で表したものを載せている。

高崎正風なるものは慷慨雄略《こうがいゆうりゃく》のひとにして胡人吹笛の形成を憂ひ、飄然《ひょうぜん》として弊廬《へいろ》を訪ひけるに

かかる世をいかに詠ていますそと　とはれてしほる墨染の袖

とかたらひしに、かえし

小野山のふかき意はなけれとも　ゆきふみわけて君をこそとへ

とありければ

とひくるもとはるる我ももろともに　みくにを思ふこころなりけり

この歌の出典は、『忠義公史料』第二巻一五七号にある山階宮御文である。歌のやり取りの後、さらに次のような文章がある。

釈門ニ生長セシ身ナレハ、国歌ノ事ヲ知ルヘキニモアラス、只管《ひたすら》ニヲモヒニ任セテ谷鳥ノ囀《さえずり》ヲマナベルハ、誰ゾ勧修寺ノ山辺ニスメル嘯月《しょうげつ》トイヘル翁ニテアリケル

宮の没後に、詠唱された和歌を集めて和歌集を作り『嘯月』と名づけられたのは、息子の菊麿王だが、ここからその名をとられたのだと思われる。

このようなやり取りの後、文久三年（一八六三）十一月一日に島津久光は、山階宮が還俗して朝議に参与されるようにすることを、中川宮朝彦親王、前関白近衛忠煕、忠房親子から賛同を得て、朝議で決定するよう尽力を促す。

その当時、宮の弟である朝彦親王は還俗されて、中川宮として孝明天皇の片腕となり政界でかなりの力を持っておられたが、初めは宮の還俗には難色を示されていた。孝明天皇の反対の御意をわかっておられたことや、同じ伏見宮家に生まれ育ち、宮の起こされた出奔事件に対し複雑な思いをお持ちだったように思われる。しかし、幼い時分に寺に入れられたという同じ境遇を経験された者同士でもあり、結局武家の説得に応じ協力された。

あくまでも還俗反対だった孝明天皇は、還俗に協力的な朝彦親王の態度に対し不満の御意を表明されている場面も見られる。

また、高崎正風の速記録にも出てきたが、当時の公家であった『中山忠能《ただやす》日記』にある還俗に否定的な文面を紹介する（かっこ内は筆者の現代語訳）。

（前略）先　帝御代先文御所置之処、今被及此御沙汰、寔天魔横行之時節可恐可歎、先帝被仰出今如一橋武臣建言反掌御沙汰実可長歎事共也、只恐　天位之安否者也

（『中山忠能日記』元治元年〈一八六四〉正月十一日）

（先帝の御沙汰を覆し今回のような御沙汰は、天魔横行しているこの時節がら恐ろしく、また嘆かわしい。先帝が仰せ出されたのを、今、一橋の如き武家の建言でひるがえす御沙汰は嘆かわしく、ただ恐ろしい。天位の安否は大丈夫か？）

（中略）一橋建言ニテ被仰出候由何様之人不存候得共、余り　朝廷御不外聞と悲歎千万ニ候、此末何ヶ様之事可発哉恐入候事ニ候（同十二日）

（一橋の建言にて仰せ出したようだが、どんな人物か知らないが、あまりに朝廷の体裁のなさは悲嘆千万である。今後どのようなことが起こるか、恐れ入る）

この後、次のような流れで事態は進行する。

文久三年十一月十一日、そのような公家の心配などはお構いなしに、久光はさらに、上京した前福井藩主松平慶永《よしなが》のもとへ小松帯刀《たてわき》を遣わし、謹慎宥免、新宮家創立の儀の賛同を得る。

十一月十七日、松平慶永・伊達宗城《むねなり》が朝彦親王邸に参会し、還俗問題について協議する。

十二月十四日、長州藩士杉山松介が京都より帰藩し、山階宮のご英明なことを藩主毛利慶《よし》親《ちか》に報じ、宮に長州藩の主張を入説すべきことを報じる。

十二月十七日、前宇和島藩主伊達宗城も宮と対面し、ご見識に間違いないことを確認し賛同する。

十二月二十日、すでに十月二十六日に上洛していた将軍後見職徳川慶喜《よしのぶ》も、宮の還俗に賛同し、宮家設立の費用については、請け負うと確約する。

渋沢栄一が歴史的事実を後世に残そうと徳川慶喜から直接聞いたことを『昔夢会筆記』という本にまとめている。その第十一章に、済範法師（山階宮）を還俗させて親王に取り立てた時のことを、慶喜は次のように述べている。

「なるほど、あの御方は、行状の点から言ってあまり正しい方ではない。しかし、御人物が御人物、国家がこういう形勢であればというので、春嶽・宗城・三郎であったか、皆から確か建白したよ。是非御還俗になるようにということを申し立てたのだ。その時分に朝廷でも、あえて反対でもあらっしゃらぬのだが、ただああいう者を、武家から言ったと言ってそれをそのまま取り上げたならば、また後の公卿たちの示しにならぬ、どうもよくあるまいというようなわけであったが、遂にそれが行われたのだね」

徳川慶喜は、松平慶永（春嶽）へ趣意書の起草を依頼。松平慶永は藩士中根靭負に起草させ、それを伊達宗城に添削依頼する。十二月二十一日、徳川慶喜、松平慶永、伊達宗城の三名が朝彦親王に拝謁、趣意書を内見していただき、同意を得る。そして十二月二十八日、徳川慶喜、松平慶永、松平容保《かたもり》、伊達宗城、島津久光が、連署した趣意書を持参し朝廷に上がり、建言する。

このように、手数をかけて作り上げた趣意書の文面は、次のようなものであった。

（趣意書文面）
元勧修寺済範入道殿御儀、多年御謹慎、加之賢明之御聞へも被成御座候得ハ、何分御時節柄、御還俗ニ而親王宣下被為在候様仕度、如何可有御座哉、此段御相談申上度奉存候
（『山階宮三代』文久三年十二月二十八日条）

上書についてと還俗が許されたときの身分について評議した十二月二十九日の朝議は、次のように意見が分かれ、決定に至らなかった。

前関白近衛忠熙……………伏見宮相続の上、親王宣下然るべし
関白二條齊敬……………親王宣下然るべきも、伏見宮相続は然るべからず

議奏正親町三條實愛………親王宣下に反対、臣籍に列し四位より逐次昇進然るべし

朝彦親王………………正親町三條の意見に賛成

このように異なった意見が出てまとまらず、最終的には武家からの建言だから、慶喜らの一致した意見に任せるということになる。

元治元年（一八六四）正月二日、慶喜らは初めの建議の通り、非常の措置をもって、ただちに還俗、親王宣下の御沙汰を得られるよう奏請する。

正月四日、慶喜らは年頭拝賀のために参内し、関白二條齊敬に面会して奏請を伝え、孝明天皇は初めは建言の受け入れにご反対であったが、ここに至り聴許されることになる。

天皇には御意に沿わないことだったが、武家の意見には逆らえずにしぶしぶ賛成されたご様子が、『孝明天皇紀』五に所収の二種類の「宸翰《しんかん》寫」からも読み取れる（原文には読点がなく、筆者が適宜加えた）。

宸翰寫（久邇宮蔵）

上略 扨ハ心配之余り態々、、一封ニて申入候、抑昨日評議済範一件段々、、、、、元来予不承知之件々ハ、実ニ後世ニ至り只今之事不存輩ハ、急度予所置説起りついニハ節用位

之書物ニさへのるへく予歎か敷存候、乍去是ハ一分の事故無頓著《ママ》訳乍既ニ不正之所、有之、、の蒙勅勘候儀、勅勘と申ハ非予代、先帝之御代ニ候、左すれハ如何ニ賢才之人とて、先帝之御咎有之候を武士申候迚、於予代、免、ならす格外之登用、実以不本意ニ候儀、何共心底ゝから昨夜も発言ニ及ひ候、前関白之様子悪不気色ニ相成候、予発言候より両役も猶不承知申立候、併是不承知申候ハ、十人か十人二十人か廿人より候てもよいと申物ハ有間敷存候、依之予存候ハ、前文之通乍何分多武士申立無採用時ハ、定て罪の人も可出来、左候へハせに腹ハ難替候へハ、、後事ニと存候、左候へハ過日も申候処、急度書記たしかニいたし、経数年候ても無拠処明白ニいたし度候へハ、右之儀ハ正三、阿野、久世、野宮等へ内々尹宮より御申聞偏ニ頼入候、昨夜も申入候ハ、予一分不取計ならす、当職之名ニもかゝはり輔佐之失體とならす様、申置候事に候、其辺深御聞入、頼入度候、昨夜予不承知申、前関白不気色乍是ハ自の存意、実ニ忠誠なくと存候以上

正月五日夜

宸翰寫（久世家蔵）

済範法師一件ハ、実以古今未曽有之異事ニ候、諸藩申立ハ、各承候通之次第ニテ、何分賢才採用当世ニ間似合段存、挙奏之段ハ似誠忠候へ共、倩考候ニ此儀真実朝廷之慶事ト

モ不被存候上、何分元済範不正之所業候テ、蒙勅勘候テ廃庶人且ハ非当代父帝ノ時代ニ
候、左候へハ、於予猥ニ宥免候儀如何ニ賢才トテ予一分ニハ迚モ難申訳ニ候、其上此儀
ハ、如何許存候共、余リ美業トハ決而不被存候、右宣下候日ヲ不待露顕候モ、忽衆人ノ
舌先ニ拘リ当時世故、張紙時□種々出来眼前之□□尚在世之輩ハ粗子細モ存候半乍、至
後世候テハ如此之次第不存候へハ、何レ予不所置様ニト相成候半、左候時ハ予一分ハ不
厭乍実ニ歎敷、其迚モ実予腹底ヨリ出候事ニテ、其諫言モ不聞入押付候儀ニ候へハ、自
業自得ト申物ニ候へ共、初聞ヨリ深不承知ニ候へ共、兵馬之権勝カ故ニ、無理ニ宸断ト
唱申出儀、意外千万不本意ニ候、各申条堂上列ニ加四品ヨリ出身之事、其迚モ不宜乍マ
タシモ筋合立候半歟、併其ハ急速之不真似合故、前関白モ不承知之模様、是ハ何レニ復
親王ニ可相成事存候、実ハ矯之場所共存候へ共無力候、仍何卒至後世テモ無拠儀ト申処、
明白ニ記置度、亦当時之輩モ其辺令承知度存候、真ニ宸断抔ト存呉候へハ、意外之事故
其辺申聞度計ニ一紙認上書名前輩へ内々為見候、併是ヨリハツト成候テハ、又々関白以
下迷惑ニ可成哉ト存候へハ、内々之儀ニ致シ貰度評議之場ニテ此儀口外断申置候、関白
以下へモ内々ニ致シ貰度候、尹宮丈へハ尤申聞候テモ頓ト無子細候事、依之已後予不承
知不申候へハ、決定ニモ可相成哉、共存猶又右之段頼置迄申入置候事

（二行略）

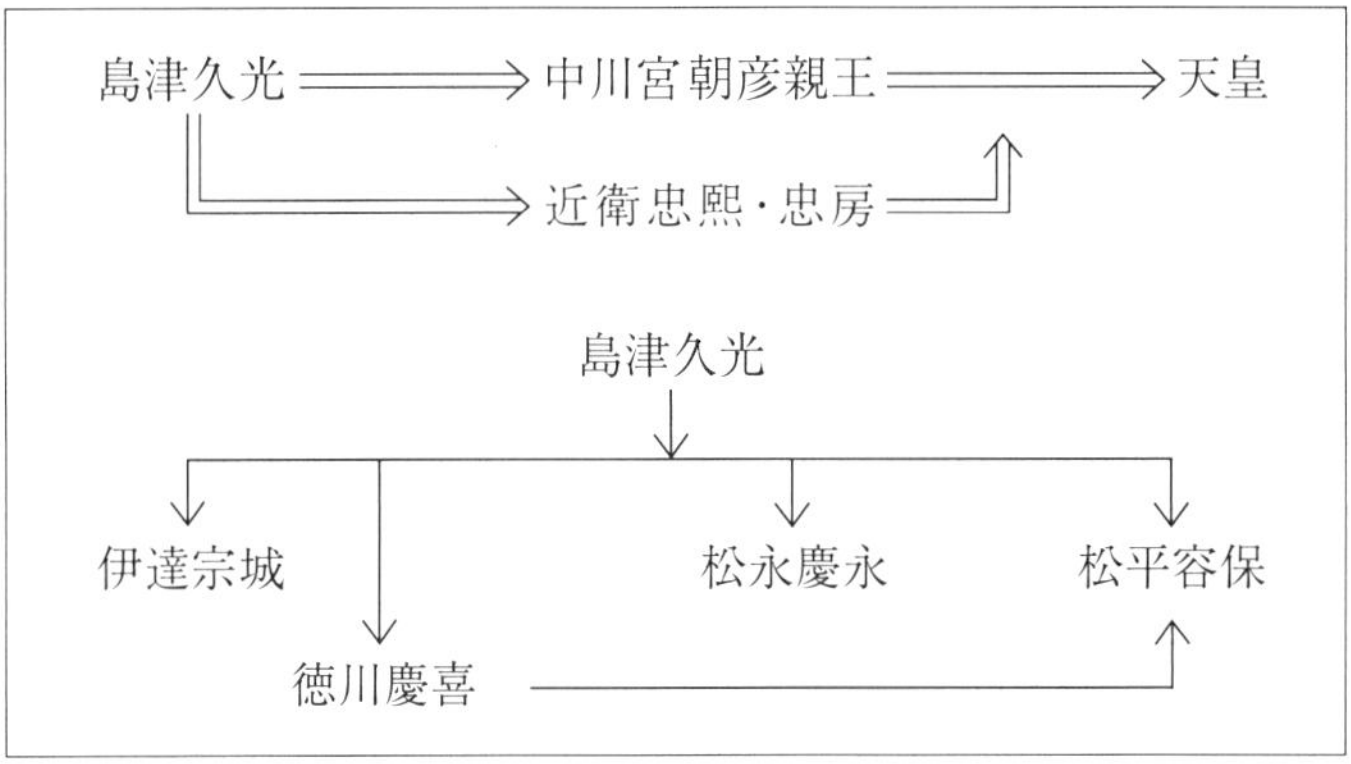

図1　新宮家創立のための諸手続き

三條前大納言
野宮宰相中将
廣橋右衛門督
阿野宰相中将
久世前宰相

済範法師が罪を得て、自分の代ではなく父帝の勅勘を得たのを、自分の代にいくら賢才だからといって許して採用することは、自分の意に反すること、自分はあくまでも反対だったが、武士の動きと、世間の風評に勝てず不本意ながら勅を出すに至ったこと、そして何かあった際には自分には責任はないことを、孝明天皇は切々と訴えておられる。

九日、勅旨により旧譴《きゅうけん》（過去の過ち）を免じられ、山階宮晃親王は伏見宮に復系、還俗の命を受けられる。その文面は以下のごとくであった。

元勧修寺
済範

多年謹慎且今度一橋中納言言已下段々建言之次第も有之、誠難被黙止之間、以格別之思召御咎被免、伏見家へ復系還俗被仰出候事

新宮家創立のための諸手続きについては、朝彦親王が高崎猪太郎、中根靭負、一橋家家臣黒川嘉兵衛らに協議して当たるように、指示を出されている。

一人の皇族を還俗させるために、これだけの手間をかけて事を運んでいることに非常に驚く。まず、公家への根回しをし、作成した趣意書を添削し、それを中川宮朝彦親王に内見していただき、了承をいただいてから提出するという、慎重にかつ段階をふまえて事を運んでいる様子がよくわかる。わかりやすく表すと図1（前頁参照）のようになる。

その頃に、山階宮が詠まれた歌がある。

梅が枝に　糞まりかけし鶯の　罪は初音にゆるされにけり

また『忠義公史料』一五八号に「山階宮御還俗ニ就テ」と題して、高崎佐太郎（正風）の喜び

の歌が載っている。

山階宮御還俗あらせ玉ひし時、

正風

去年の冬比よりおもふよしありて、しばしば山科なる勧修寺の御坊をとふらひ奉りけるに、ある日、

すみそめの　ころものうらのしら玉も　あらはれぬへし　御代の光に

又た雪のあした歌の中山をこゆとて、

をの山の　にかき心はなけれとも　雪ふみわけて　君をこそとへ

なとひとりこちておほけなれ、跡にさへひそかになすらへつつはかりこちける事のありしに、今年文久四年の春風に、殿の名の氷室の戸をし、なごりなく、こちひらけてけふしもミやこに入らせ玉ふ御供たまはりたるうれしなとはおろかにて、さらにうつともおぼえず、

まことにも　夢かとぞおもふ志ら雪の　ふりしためしも　あらはこそあらめ

さらに高崎佐太郎の周旋の労に対する山階宮の礼状とともに、宮より賜った品が書かれた書きつけが載っている。

高崎佐太郎

此度出格之被為蒙

朝恩候義ニ付テハ、内外厚尽力周旋被成上、深御満足ニ思召候、依之別紙目録之通、甚御見苦敷御品ニ被為在候得共、御挨拶之験迄ニ被下候事、

目録

一御文箱　一合

一御文台　一脚

以上

右正月

御使者国分主殿ヲ以所賜也、

これはほんの一例で、山階宮は島津久光、伊達宗城、小松帯刀、高崎猪太郎、井上弥太郎、国分定胤などにも御礼の品を贈られている。宮の喜びのお気持ちが強く感じ取れる記載である。

六、国政に参画

このような経過をたどって還俗され、山階宮はいきなり政治の表舞台へと出ていかれることになる。

元治元年（一八六四）正月十三日、宮は還俗後、勧修寺を出て上洛。家司《けいし》（家政を司る職員）には勧修寺時代の近習と、鹿児島、福井藩より若干名を借り上げることと定められた。山階宮の希望で高崎佐太郎は伊勢と改名し、諸大夫格で迎えられた。

正月十七日、家号を山階宮と称すること、閑院宮《かんいんのみや》邸を住まいとすることが決定される。

正月二十七日、孝明天皇の猶子《ゆうし》となり（親子関係を結ぶこと）、親王宣下を受けられ、御名を晃と賜う。御年四十九歳の時で、晃親王のご誕生であった。

正月二十八日、閑院宮邸で元服の儀を行い、常陸太守を拝任し、国事御用掛（※）を拝命された。席次は有栖川宮熾仁《たるひと》親王の次と定められた。それまでご謹慎中の身であったため元服の儀式を行っておらず、四十九歳で元服されたことになる。

※国事御用掛とは、文久二年（一八六二）十二月九日、衆議を尽くして朝議を決するために、門閥にこだわらず人材を登用する方針で朝廷に新設された官職。慶応三年（一八六七）十二月九日、王政復古の大号令で廃官となるまでに計四十一名が任用された。

この間、島津久光は何回か山階宮と対面し、国事についての状況を話し合っている。宮も庶務更張に関するご意見を列記して久光に示された。それはおよそ百六十三カ条に及ぶもので、久光がそれを書写したものが『島津久光実紀』巻四に詳しく残されている。宮が蟄居中に最初に高崎佐太郎に示された事務七十余カ条を、さらに範囲を広げ、詳しくしたものと推定できる。

その項目は、攘夷のこと、皇子皇女のこと、諸寺院のことに始まり、京都の警備のみならず日本全国のことに及んでおり、今後国事に当たる親王の意気込みが感じられる項目が並んでいる。

二月五日、ご自分の罪が許されたので、事件の責任をとって出家されていた父親の伏見宮邦家親王の還俗を願い出られた。これが聴許され、邦家親王は二十三日に還俗された。当然同じ罪で罰を受けられていた幾佐宮に対する思いもあったと想像するが、この時には幾佐宮はすでに亡くなっていた。

二月八日、晃親王は親王宣下や元服の諸儀が終わるやいなや、山積する政治の表舞台へと出て行かれることになる。この日の夜に開かれた関白二條齊敬《なりゆき》邸での長州藩に対する処分を決める会議に出席するよう島津久光より誘われ、出席される。これが親王の政界デビューの場だったと言える。

親王が還俗される直前の文久三年(一八六三)に将軍徳川家茂が上洛し、京都においては尊王攘夷派と公武合体派が対立、一時長州藩の攘夷派が力を持ち、親征討幕の挙兵を図った。しかしいわゆる八月十八日の政変と呼ばれるクーデターで長州の計画は挫折し、七卿落ちなどの事件となる。その後公武合体派に政治の主導権が移り、島津久光ら雄藩の長が国事の中心となって、公武一和と攘夷の抑制を図ることになる。親王が最初に参加されたのが、この一連の事件を起こした長州藩に対しての処分をどうするかを話し合う場であった。

親王が国事御用掛の職につかれた元治元年から明治の新政府樹立までの期間には、このように歴史上重大な局面が多々あった。この時期は政治の中心がすっかり京都に移っているのが読みとれ、親王の御殿に参殿、面会した人、書簡を交わした人を拾い出すことでこの時期の京都における政界の動きや人脈がある程度わかって面白いので、二年分の人名を書き出すとともに、明治元年に至るまでの動きを考察してみたい。

次に挙げたのは、個人的に山階宮邸に参殿して面会に及んでいるケースだが、それ以外に山階宮が宮中に参内して国事の評議に参加された際に顔を合わせている面々も多い。

還俗後、期待したほど政界において宮のご活躍がないことも取沙汰されているが（長文連著『皇位への野望』）、武家と朝廷の橋渡しにかなりの力を注がれていることがわかる。

文久四年／元治元年（一八六四）――二月二十日元治に改元。蛤御門の変（七月十九日）

朝彦親王（三）　前関白近衛忠熙（二）　武家伝奏野宮定功
内大臣近衛忠房（二）　小松帯刀（二）　島津久光（七）　伊達宗城（三）
右大臣徳大寺公純　権大納言坊城俊克　松平慶永（三）　徳川慶喜
前高知藩主山内豊信　興正寺門主摂信　佐久間修理（象山）（五）　中根靭負（二）
征長副将松平茂昭（福井藩主）　議奏正親町三條實愛（二）　東寺観智院僧正覚寶

※（　）内は『山階宮三代』の記録から数えられる宮家の御殿にての面会の回数となっている。

佐久間修理（象山）は、面会できた回数は五回だが、親王の留守に何度も参殿しており、暗殺された七月十一日も、親王宅へ世界地図持参で面会を求めたがご不在で、帰る途中のことであった。親王は佐久間象山の見識を高く評価されており、暗殺の報に接し志半ばで亡くなったことを惜しんでおられる。

佐久間象山の動きは、菊池明編『京都守護職日誌』第二巻に詳しい。この本はいろいろな記録を集めてその時期の動きを日を追って載せるという構成になっており、当時の政治や世の中の動きがよくわかる。

この時期の京都は暗殺事件が多発しており、治安がものすごく悪かった。『京都守護職日誌』の記載によれば、

文久四年二月十八日
参与らに対する天誅予告状が、山階宮邸の築地塀に張り出される。
○島津大隅守殿等之儀に付、閑院宮丸太町通築地に張札有之候。(『官武通紀』)

とある。

この事件は、閑院宮邸に親王が住み始められてすぐのことであった。

また誰と誰とが近しいなど、常に政治上の動きが監視されている状態だったし、還俗されたばかりの山階宮の行動は、世間から注目を集めていたことがわかる。

これに先立つ文久四年(一八六四)二月二日、宮は東寺へご参詣後、勧修寺に経蔵、文庫、道具類の調査のため赴かれている。

「是日市中の御通行に騎馬を用い、略服を着せられたが、之を異例のこととして批判する向もあったので、後日使を関白の許に遣わして釈明せしめられた」（『山階宮三代』）

このことは、『孝明天皇紀』巻五 元治元《ママ》年二月十四日条の中の「二條家日記」にもある。

二月五日山階宮御使山田大蔵卿常陸太守、去ル二日、勧修寺へ御行向之節、御乗馬御略服ニテ、市中御通行之儀、全御不案内之儀ニテ、深被為恐入候、右之段、殿下迄、宜御断被仰上候也

略服で市内を馬に乗って通行されることは、儀礼上許されないことだったのだろうか？
また伊達宗城がこの時期、宮と行動をともにする機会が多かったが、それに対して問題視する動きがあった。

四月三日　八幡に御遠乗、山崎関明神に参詣せられた。なお伊達宗城は予て御同行を約していたが、親王に阿諛すると噂する者があったので、臨期病気と称して御同行を辞退した。なお親王は御見舞のため宗城の許に赴かれようとしたが、宗城の固辞によって中

止せられた。

（『山階宮三代』）

勝海舟が宮から希望された謁見を取りやめた背景にも、そのような社会事情が感じ取れる。勝海舟は著書『氷川清話』の中で、「色々とやかましい時代でありあちこち掛け合ったが故障を言った者がありやむなく取りやめた」旨述べている（詳しい文章は、十四章参照）。このように、人と会うことがいろいろと難しくかつ治安の悪い世の中であり、元治元年五月十八日に朝廷は宮の警護を命じている。

十八日、松平越中守定敬《さだあき》に、中川宮、山階宮の御警衛を命じ給ひけり

（「七年史」『京都守護職日誌』）

国事の評議のための参内は一カ月、平均八回以上で、長州問題が評議された七月は十三回に及び、深夜まで評議が行われたこともあった。

慶応元年（一八六五）――長州藩対策、兵庫開港問題で朝議がもめた

正親町三條實愛（五）　邦家親王（二）　松平茂昭（二）　小松帯刀　大久保一蔵（利通）

福井藩士酒井十之丞　近衛忠煕　近衛忠房（三）　大原重徳
薩摩藩京都留守居・内田仲之助　純仁親王　朝彦親王　伊藤友四郎（松平慶永家臣）
毛受鹿之介（松平康永家臣）　中根靭負　興正寺摂信・澤称父子

書簡のやり取りの回数は、以下の通りである。
松平慶永（十四）　正親町三條實愛（三）　伊達宗城　（三）　島津久光（四）

幕末雄藩の久光、慶永、宗城とは、彼らが国許へ戻っても頻繁に書簡を交わして、時勢を報告されたりアドバイスを受けられたりしている。また、正親町《おおぎまち》三條實愛《さねなる》とは、頻繁に連絡をとっておられた様子がわかる。

『山階宮三代』同年二月二十五日条に、松平慶永へ宛てられた書簡の文面について記載がある。近況報告の後に、「朝彦親王と意思の疎通を図るため苦慮していること、方今議奏中人材とすべきは権大納言正親町三條實愛及び前参議久世通煕の両名に過ぎぬ事等を伝えられた」とある。

その当時、朝彦親王との間がしっくりいっていなかったことを示す中山忠能の日記の文もある。

慶応元年二月五日条

一、朝彦晃相論之事、慥ニ不承候、併シ全体甚不和之由ニ候、晃之方当時ハ有志も近寄候由、今大路大蔵卿正義者ニて度々時勢之事杯晃へ申入候由、唯今之処ハ晃も憤発と承候、全体両宮等ハ別て為国家捨身尽力無之てハ、人ニ合面事も不出来筈ニ候

（『中山忠能日記』）

この当時、朝廷内ではあくまで攘夷を主張する天皇、朝彦親王側と、開国はやむをえないと考える晃親王、正親町三條實愛らの、おおよそ二つのグループに分かれていたようだ。同年九月に島津久光と交わした往復の書簡が残っており、そこには親王が王政復古を望みその実現を久光に斡旋するよう熱望される旨が書き残されている。とても長い書簡だが、その一部にある親王のご意見は次のようなものだった。

（前略）何卒何卒天朝存亡危急之秋ヲ以テ反テ々々、皇国挽回王政復古ノ端ト可変妙策奇謀コソ可願、又可行時ト存候

（『玉里島津家史料』巻四　一三八五号）

平成二年（一九九〇）八月に、島津久光の孫で忠済の嗣子島津忠承氏所蔵の文書類が公開さ

れた。玉里《たまさと》文庫として知られる『玉里島津家史料』で、久光が権力の座にあった時期のものが集まっている。その解題によると、明治政府は明治九年(一八七六)九月に島津家を二分し、久光に玉里島津家を創設させ、西南戦争後久光は玉里邸に居住した。そのため、ここに久光宛ての書簡がたくさん残されたということだ。中でも文久二年(一八六二)から明治十一年(一八七八)の間の晃親王からの書簡類がたくさん保管されていた。すべて、原文書が残っており貴重な史料となっている。

親王が政治の表舞台から退かれた後の明治六年(一八七三)以降は、月に一回の時候の挨拶状とか詠歌などのお便りだが、元治から慶応年間の書簡は、親王の政治的意見も書かれておりり興味深い。

『島津久光公実紀』に取り上げているものと重複するものもあるが、ないものもたくさんある。『山階宮三代』には残念ながらどの資料を引いたかの記載がないのだが、作成された年月(昭和五十七年)から、玉里島津家の資料は用いていないと思われ、久光とのやり取りや書簡の出典は『島津久光公実紀』からと考えられる。そのため、慶応元年の久光との書簡のやり取りの回数を四回としたのは、『山階宮三代』の記載により数えたからで、『玉里島津家史料』からはもっと多い八通の書簡が見つかった。回数はともかくとして、武家と密接に連絡を取っておられたことはおわかりいただけると思う。

そしてこの年（慶応元年）十月、かねてから願いを出されていた紋の使用が許可され、山階宮家の紋は鐶《かん》菊の紋（本書カバー裏・二一九頁参照）と決定する。

慶応二年（一八六六）――十二月二十五日、孝明天皇崩御

『山階宮三代』からは幕府、朝廷ともに長州征伐の問題に手一杯で、期限の迫る開港問題にまで、考えが及ばない情況を憂慮されていることが伺える。

この年七月二十一日には、大坂城で将軍徳川家茂が薨去した。将軍後継問題と長州出兵の問題で意見が分かれ、朝議が頻繁に行われながらも紛糾し、なかなかまとまらない状態の中、親王も絡んだ事件が発生する。廷臣二十二諸侯列参事件である。

八月三十日、政局転換を図り、参議中御門経之《なかのみかどつねゆき》、正三位大原重徳《しげとみ》を代表に二十二人の公卿、殿上人が列参、天皇と御学問所にて拝謁し、直々に以下の条目を建言した。

○諸侯の召集は朝廷の勅命によること
○文久二年以来の政変で幽閉蟄居の公家等の宥免《ゆうめん》
○征長の中止を幕府に命じ、朝政の改革を断行すること

これは今までの政治状況を批判し、その中心に位置していた朝彦親王と関白二條齊敬を暗に弾劾していることになる。

『山階宮三代』によれば、「この列参の挙は岩倉具視が主として画策するところであった」とあり、さらに「朝彦親王の日記に拠ると、晃親王もこの挙に関与し議奏正親町三條實愛及び鹿児島藩士等と協議せられたという」とある。

『朝彦親王日記』慶応二年八月三十日条には、まず公家たちが列参して御学問所にて三カ条の建言をした様子を具体的に述べ、次に列参公家が退出した後の御小座敷での天皇も交えての評議の様子などが書かれている。後半の部分を紹介する（傍線筆者）。

一其後於　御小座敷関白以下両役被　召右等ノ所御評議諸藩召押而予言上先　御承知相成畏入候、扨三ヶ度幽閉人関白ゟ被申上候処、先勘考ト申御返答　山階　正三モ少々悔悟ノ模様然ハ大原一人被　召候様一同言上、二日ト御治定ニ相成先々退出ノ事、今晩ハ関白始位次而退出、関白ト令相談、今日模様故辞表可差出哉令内談候処、尚比合可申入旨返答、一同退出ノ事丑刻也

今日大変実ニ山階正三薩等申談及此義、誠ニ天下ノ危急此時ト存候（後略）

傍線部分から、朝彦親王が、この事件は晃親王と正親町三條がご加担していると考えておられたことがわかる。

実際に『山階宮三代』慶応二年八月五日条に、岩倉具視が親王へ根回しをし、事を図ろうとした様子が次のように書かれている。直接面会はしていないが、親王の下で働いていた井上石見が岩倉具視と何度も会見し、その意見を親王の所へ入説していたようだ。

前左近衛権中将岩倉具視は、将軍徳川家茂の急逝を機として愈《いよいよ》天下一新の機会が到来したと為し、国政の改革を図るため親王の御尽力を得んとして、是日鹿児島藩士藤井良節・井上石見にその斡旋を依頼した。又具視は廟堂の刷新を促進するため、有志公卿の列参建言を画策し、このため是月七日更に両名に対して、議奏正親町三條實愛・正三位大原重徳及び前関白近衛忠煕・内大臣忠房父子の協力を得ることを依頼すると共に、九條家門流の公家を列参に加盟させるため御尽力を仰ぐよう親王に入説することを依頼した。石見は先に親王に附従し、又具視に親炙《しんしゃ》してその幽居に出入りしていたが、是より後具視の意を受けて頻《しき》りに親王と具視の間の周旋に努めた。なお、具視はこの後十月七日、石見に一書を贈り、その尽力によって従来の赤心が漸《ようや》く親王等に理解せられるに至ったことを謝した。

この記載からも親王は事前に列参のことをご存じで、それを容認されていたことがわかる。九月四日には、朝彦親王、関白二條齊敬が列参事件の責を引いて辞表を提出。その後、二人とも長期にわたり朝議に出席されなかったため、国事が滞る事態となった。孝明天皇はこの事態を何とか打開しようと、二十四藩に朝召の命を出すなど対応されている。

列参事件の前の将軍後継問題と慶喜の参内の時期、長州に対する再征問題などを話し合う朝議の際に、親王は強く意見をされているが、かなり薩摩藩寄りのものだった。その辺の詳しいいきさつを、徳富猪一郎が『近世日本国民史』六一に書いている。そのほんの一部分だが、親王がどのように見られていたかがわかる部分を取り上げてみる。内大臣近衛忠房が伝奏飛鳥井雅典に宛てた手紙である。

山宮（山階宮）には至て之策略多御方にて、扨々苦心候。何分にも山宮之論は薩論、薩之論は山宮之論にて、内心一致之事にて、扨々可恐存候事候。（中略）呉々薩と山とは困り困入候。極密大乱書、御覧後、火中願候也。

十月十二日　　忠房

権中納言殿

秘密の手紙だから読み終わったら火にくべて残らないようにと言っているが、しっかり残っているところがいかにもあり得ることで面白い。近衛忠房公は、代々島津家とは婚姻関係もあり、どちらかというと薩摩藩寄りの態度を示していたのだが、世渡り上手の御公卿様という感じでどっちつかず、のらりくらりと対応しておられる感が常にある。

九月十七日には、晃親王も病気と称し国事御用掛を辞そうと辞表を提出される。『山階宮三代』には、「蓋し諸侯参集以前国事に関与する煩を避けることを欲せられたことによるものという」とあるが、ご自分の意見は通らないし、朝議において決まったことがころころ変わるのに、嫌気がさしておられたのではないかと思われる。

しかし、どの辞表も受理されなかった。この孝明天皇の判断について、『孝明天皇御事績紀』(孝明天皇聖徳奉彰会蔵版)では次のような評価を下している。

尹宮も二條関白の将又国事御用掛常陸大守宮も夫々辞職の御許しはなかったのでありまず。これを以ても陛下が、尹宮や二條関白を特別に御庇護なされるのでないことは拝察し得る次第であります。

十月二十七日には正規の手続きを踏まないで天皇へ直訴したかどで、その二十二人の処罰が発表され、正親町三條實愛、晃親王にも蟄居の命が下るが、これは列参事件に関して策動したとの嫌疑によるものだった。『孝明天皇紀』(巻五)には、

慶応二年丙寅十月二十七日関白壬子藤原齊敬二條勅旨を奉じ、病を力めて朝す、是日参議藤原経之中御門正三位源重徳大原等二十二人の結党上言せし不敬を罰して、経之重徳を閉門に処し、他は皆差控を命す、前権大納言藤原實愛正親町三條亦其徒を助けし動止あり、因て遠慮閉門を命じ、常陸太守晃親王山階の行為、制規に違へるを以て、国事掛を罷め、命して蟄居せしむ

とあり、そのあとに、関白に宛てた宸翰の写し(久世家蔵)に、細微にわたって天皇ご自身のお考えが述べられている。

十月二十七日に四ツ折りの書付で議奏から申し渡されたものは以下のものであった。

常陸宮(晃親王のこと)

此度国事掛依所労理乍申上、他出剰止宿、且従来不行跡、旁以蟄居被仰付候事

同時に処罰を受けた正親町三條實愛は、二十八日の日記『嵯峨實愛日記』に親王の処罰について次のように記している（かっこ内は筆者の現代語訳）。

伝聞常陸宮蟄居昨日被　仰下云々雖未聞其子細、此人近日有衆人属望、仍所退歟、忠直正義皆蒙幽厄、奸佞諂諛乗之、歎而有余

（伝え聞いたところによると、昨日常陸宮に蟄居の命が下った。詳細はまだわからないが、この人＝山階宮はここのところ、多くの人々に将来を期待されていたが退くことになったとは、忠直で正義なものは皆、訳のわからない災難を被り、奸佞の臣のへつらいはこれに乗じたもので嘆かわしいこと余りある）

ドナルド・キーン著の『明治天皇』には、この事件のことが次のように書かれている。

十月二十七日、孝明天皇は中御門経之、大原重徳等、八月三十日の列参上奏に参加した二十二卿に対する処罰の勅令を発した。勅令は、列参上奏を「不敬」と断じている。中御門経之、大原重徳は閉門、他の二十卿は差控《さしひかえ》（出仕を禁じ、謹慎させること）を命じられた。正親町三條實愛は、列参上奏を幇助したかどで遠慮閉門を命じられ、同じく晃親

王は国事御用掛を罷免、蟄居を命じられた。孝明天皇は、これらの措置を講じることで天皇の方針に逆らう公家反対派の動きを封じ込めようとした。

『山階宮三代』には、その命が下ったとき、「親王は、偶純仁親王、前関白近衛忠煕、内大臣近衛忠房、権大納言一条實良を召して酒宴中であったが、平然この報を聞き、宴を続けしめられた」とある。

また、その時のご様子を記したものに、福井にいた松平慶永（春嶽）から宇和島にいた伊達宗城に送った書簡がある。次に、『続再夢記事』の書簡より抜粋する（引用文中のかっこと読みがなは筆者による。また、引用文のあとのかっこ内は筆者の現代語訳）。

却説京師之形勢又々一変仕候様被察申候（中略）

十月廿七日夜、俄ニ議奏ゟ《より》御達ニ而《にて》、国分上総（山階宮要人）非蔵人口へ罷出候処豈料や山階親王閉蟄之　勅譴被為蒙、上総大当惑ニ而、直ニ罷帰り、折角此日桜木前殿下（近衛忠煕）、内府公（近衛忠房）、一條亜相公、御室宮等御参集ニ而、御盛莚最中、且雅楽等御催之処へ、上総罷帰り来り、親王へ申上候処、格別之御驚愕も無之、先楽人呼下ケ候趣、前殿下更ニ御承知無之故、再御快楽ニ而、笛吹かせられ候にハ、上総も当惑之体

二候よし。（以下略）
（京都の形勢が、またまた一変したのでお知らせいたします。十月二十七日の夜に、急に議奏よりお達しがありました。山階宮の要人である国分上総が、非蔵人口に罷《まか》り出たところ、親王に蟄居の勅譴《ちょっけん》が出ました。上総は大変当惑して直ちに帰りました。ちょうど宮は近衛親子、一條公、御室宮らとともにご宴席の真最中で、雅楽が奏でられているところでした。そこへ上総が罷り出て、親王にそのことを申し上げたところ、格別驚かれたご様子もなく、そのまま楽人を呼ばれたそうです。近衛忠熙殿下に至ってはもっと御承知ないので、さらにお楽しみで笛を吹かれたのには、上総も当惑したとのことでございます）

前述の議奏からの申し渡しの中に「従来不行跡」とあったことから、さまざまな憶測と噂が京都中に飛び交ったようだ。

たとえば、「親王は三本木の料亭上井筒に二晩にわたたって滞留、芸妓を呼んで遊興せられた」との流言を幕吏が聞きつけて謹慎の処分がくだったのだとか、「十月十三日の夜、親王は鹿児島、高知、津の諸藩士三、四人を伴って祇園の料亭一力にて宴を張り、次いで同楼を出て高知藩邸に立ち寄られた後、幕卒の追跡をくらましして何方かに脱走せられたとの浮説」「又別日親王は鹿児島藩士井上某等の手引きによって邸外に脱出し、九条辺に御潜伏中のところを幕卒が発見して遠巻きにしたとの風説が流された」と『山階宮三代』には記載されている。
また、それを裏付ける記載が、中山忠能の日記に書かれている（かっこ内は筆者の現代語訳）。

○廿十七日山階御咎之中、剰他出止宿云々ノ事或者探索候処、十月中旬三本木上井筒ニテ二ヶ夜滞留同所芸婦并祇園町ゟも数人召寄遊興之旨、幕吏ゟ巨細取調諸入用迄明白ニ書取候由、定而尹ゟ廻シ候事哉ト被存候　（『中山忠能日記』慶応二年十一月四日条）

（二十七日に山階宮のおとがめの中で止宿うんぬんのことをある者が探索したところ、十月中旬に三本木の上井筒にて、二晩にわたり滞留し、祇園町から数人の芸婦を召し寄せて遊興していたと、幕吏が詳しく取り調べ、書き取ったとのこと。きっと尹宮の計略したことであろうと存ぜられた）

『山階宮三代』には、親王が報を聞かれた宴席の場所の記載もないし、芸妓を呼ばれていたかどうかなど詳しい内容も記されていないので、真偽のほどははっきりしない。そのため、すべてが流言であったとは言い切れないが、この御沙汰が下りた時にはご宴席の最中であったことは間違いないようである。

その頃の朝廷内は、孝明天皇を中心に人間関係が入り乱れていた様子がわかる。当時孝明天皇に近かったのは、いわゆる一会桑と言われた一橋、会津藩、桑名藩であり、薩摩の島津、福井の松平などの反応（後述）を見る限り、一会桑の誰かが孝明天皇にこのような処分を働きかけたのではないかと島津・松平側は考えているようだ。

二条関白はどうかというと、先ほどの松平春嶽が伊達宗城に送った書簡（『続再夢記事』）にさらに次のように書かれている。

殿下（二条斉敬）も廿七日御出仕相成候由、同日親王　勅譴之御沙汰、殿下も一向御承知無之、御出仕之処、別勅下り、於殿下而も、更ニ御驚愕之御様子ニ候得共、如何ともする事不能、不得止発令に相成候趣也。

この文を読んだ限りは、二条関白もこの勅には関知しておられず、驚いたご様子であったということである。

さらに続けて、次のようにある（かっこ内は筆者の現代語訳）。

全く風聞ニては麥麩（ママ）ゟ尹宮へ取込、尹ゟ後宮格別御心易き内侍へ段々被仰立　別勅譴責之運ひと承り申候。

（これは全くの風聞ではあるが、幕府から尹宮へ取り込み、尹宮から後宮の心を許している内侍へと順繰りに仰せ立てて勅譴の運びとなったらしい）

『幕末維新消された歴史』の著者・安藤優一郎氏は、第二章「倒幕派の誕生」のところで、〝孤立を恐れた薩摩藩の方針転換〟と題して次のような文を載せているので、次に引用する（かっこ内は筆者が補った）。

山階宮たちの処罰後、小松が送った書状を読んでみよう。以下に「別紙」とあるが、今回処罰された者たちの名前が書き連ねられていた。

山階宮始め、別紙之人数、蟄居・閉門等仰せ出され、何共《なんとも》、心外之次第にて御座候、究て会辺《かいあたり》の尽力どもにてはこれあるまじき哉《や》、併《しかし》、慥《たしか》に相分り申さず候、右に付いては、諸藩にても、段々説も御座候えども、例之模様見合之議論勝《がち》に御座候、諸侯之見込は聞《きこ》し召されたく、建言之堂上方は閉門、平仄《ひょうそく》之合わぬ事に御座候、前文の模様故、御上京断書《ことわりがき》差し出され候上は、何も周旋は打ち捨て、此節海軍隊人数残し置かれ、交代と申す場合にて、外は総て引払之方、却て宜かるべしと評決いたし居

り候

（「小松帯刀伝」『鹿児島県史料集』21　鹿児島図書館　一九八〇年）

薩摩藩にとっては、山階宮たちへの処分は衝撃だった。「会辺」つまり会津藩辺りが天皇に運動した結果ではないかと疑っている。なぜ、このような処分が下ったのか、たいへん困惑していた。「平仄之合わぬ事」、つじつまが合わないとも述べている。

今回の処分は、諸藩の間にも色々な憶測を招いた。衝撃をうけたのは薩摩藩だけではなかったが、同藩内部では「例之模様見合之議論勝」というように、大久保（上方にいた）たちの朝廷工作に批判的な意見が強まっていたようだ。朝廷や天皇に対する遠慮もあったが、他藩の風当たりを懸念したのだろう。薩摩藩の孤立化を恐れたのだ。

慶喜や朝廷から上京を求められていた島津久光は、今回は上京を断っている。（国許にいた）西郷隆盛や小松帯刀は、久光のそうした意思を伝える書面（「御上京御断書」）を携えて京都へ上ったが、その書面を提出した後、朝廷への周旋活動は中止する方針が決定された形だ。大久保や西郷たちは大いに不満だったろうが、薩摩藩の調停工作が他藩の反発を招いていたことに、小松たちが配慮したらしい。

もちろん、山階宮たち朝廷とのパイプ役を失ったことも大きかったろう。だが、薩摩藩としては、天皇にこれ以上反感を持たれることを危惧したのである。

以上が引用部分である。当時、雄藩の長は国許におり、この処罰について一様に驚きの声を上げておあり、実情がよくわからない状態であったようだ。雄藩にとって、山階宮は朝廷とのパイプ役として、重要な位置を占めていたことがここからもよくわかる。

宮は勤皇の思いは常にお持ちだった。しかし、孝明天皇の攘夷のご希望に対しては、常に反対の立場をとっておられた。積極的な開国論であったわけではないが、広い視野から全体の状況を考えたとき、攘夷は無理であることを認識しておられた。そのため、必ずしも孝明天皇のおぼえがよかったわけではないと思われる。

それにこの時期の親王は、大久保一蔵をはじめとする薩摩藩の考えを支持されていた。孝明天皇は薩摩の力が大きくなりすぎるのを危惧されていたと思われ、この蟄居のご沙汰もそんな孝明天皇の思いの表れとも考えられる。

蟄居の命に対して「二十九日内大臣近衛忠房は、鹿児島藩の懇請により関白二條齊敬に対し、親王及び列参の堂上等の処罰の当否を論ずる書を致して救解を計ったが、天皇は忠房の議を斥けしめられた」(『山階宮三代』慶応二年十月二十七日条)と書かれている。

ここにも天皇の強い意志が感じとれる。

松平慶永は福井にいてこの報を聞き、以下の詩を詠じている（『山階宮三代』十一月十一日条）。

　　十一月有京報聞山階親王蒙譴
京報披緘子細看　　人間随処有狂瀾
誰誦黄台解天怒　　広平同罪一堪歎

宮がこのような罪を得たことを、詩に託して嘆いている様子が伝わってくる。
面白いのは、『孝明天皇紀』の慶応二年（一八六六）十月の条（備考）にある『忠能卿記』（中山忠能の日記）で、その中の一文を紹介する。

　一昨御咎定テ御覧ト存候へ共差上候、扨々転変只々仰天独笑不堪候、山階不行状跡ハ勿論夫故平人ニ迄被成候人ヲ御取上還俗親王ニ迄御取立今更不行状トハ何之事ニ候哉、実ニ不条理千万傍難目前、又薩抔議論ノ一端ト被存候中略御咎一條ハ矢張徳中参内ノ節言上或ハ御相談ニ相違無之候、先日門流云々之理書ニテ一応相済候処、再発之段甚怪事ニ候

不行状で平人になっていた人物を還俗させて親王にまで取り立てたのに、また不行状とは、

はなはだおかしく不条理千万との感想が述べられている。それに、一度解決を見たことをまた取り上げて〝怪事〟であるとも言っている。

『昔夢会筆記』の記載に、この事件を、徳川慶喜が回想しているところがある。第五に載っており、歴史学者の小林庄次郎氏がかなり突っ込んだ質問をしている。明治四十三年（一九一〇）七月の会見の記録を次に紹介する（かっこ内は筆者が補った）。

小林　（前略）慶応二年十月に、常陸宮《ひたちのみや》、後に山階宮晃親王《やましなのみやあきら》、その他公卿方二十三人ばかり勅譴《ちょくけん》を蒙られたことがあります。それが、越前の方の書類によりますと、一方の側の、例えば越前の春嶽とか、宇和島の伊達宗城とかいう方の観察では、御前の方の御周旋、御運動の結果のように認めているらしゅうございます。どのくらいまで御承知であったか、それを伺いたいと思います。（中略）

（ここに春嶽から伊達宗城に宛てた手紙の原文〔八十頁参照〕があるが省略する）

この文によって考えますと、原市之進の策略で、御前の方から朝廷の後宮の方へ御運動があって、常陸宮、また近衛忠房公などは、薩長の方に傾いておられて、こういう結果になったように観察されるのでありますが、事実いかがでございましょう。全く、猜疑に過ぎないのでありましょうか。

慶喜　それはどうもよく考えたが、あまり関係がない。全く朝廷の方の事柄で、私どもの方にはその事実は関係がないので、こちらからどうこう申し上げた覚えは一向ない。それに常陸宮は、なるほど少し御身の上に御十分でないところはあったに相違ないが、一体の御人物は第一等の御人で、国事などについてはよほどよく御分かりになる御方で、この場合いささかの事をどうという場合では私はないと思う。どうも私は覚えはない。全く朝廷の方で何かごたごたするところから、そういうことができたものと考える。いかにも御不行跡は御不行跡に相違ない。

小林　御内行の方ですか。

慶喜　女をね、いろいろあちこち……というだけのことであった。しかしながら御人物はなかなかちゃんとした方で、第一番であった。どうも此方《こちら》からそんなことを申し上げた覚えはない。

小林　その時に御詮議を蒙った中御門《なかみかど》宰相、大原三位《さんみ》への達しに、

　兼而門流より相違候儀も有之候処、去八月晦日、
其身為官柄且老年、若輩誘引、徒党及建言候段、

不憚朝憲、不敬之至、依之閉門被仰出候事、

この、八月晦日に、中御門、大原が若い者を煽《おだ》てて、朝廷へ強訴したかというようなことは、何か御記憶はありませんでございましょうか。これが十月二十七日の御沙汰でございますが。

慶喜　そういうことはしばしばある。煽動してどうこうということはしばしばある。

小林　すると常陸宮、中御門、大原などという人はどちらかと申しますと、幕府の方へは始終反対の態度を取っておりましたか。

慶喜　まあ反対だ。

小林　御不為の事を朝廷へ迫り立てたということですか。

慶喜　早く言えば、まあ長州贔屓ということだね。けれどもここに一つ注意しなければならぬことは、堂上方は兵力というものはない。これをなさりたいと言ったところが御力が足らない。そこでその時分には、誰がこういうことを言った……、少しく自分より立ち優る技倆のある人を、あの人がこういうことを言ったからというようなことで、随分御道具に立てることがある。例えば、誰がこういう話をしたというような、ちょっと色気をなさることもある。よく気をつけて見ないと……。真面目に見ると少し間違うこ

ともある。
小林　この時分に、近衛忠房公もやはりどちらかと申しますと、常陸宮様と同じように……。
慶喜　近衛ももとより薩州の方で、幕府には反対の方だね。
小林　無論近衛公などは、大原等の激論家に迫られてのことでございましょう。
慶喜　そうだ。それでこうこうしたい、そういうことはいけますまい、実は会津などもそんなこと言います、会津も言いましたか、そんならよろしゅうございましょうというようなことが、堂上方にはしばしばある。それで名を藉《か》りるにつき、きっと言ったかというと、言ったようだというようなことがある。それはよく心して聴かないといかない。これは堂上方の常のことだ。
小林　常陸宮への御沙汰は、
　此度国事掛依所労理乍申上、他出、剰止宿、且従来不行跡、旁以蟄居被仰出候事、こういうような文面になっております。
慶喜　それは朝廷の方から、大方そういうことが出たのだろう。これは私の方には関係はないよ。
小林　先帝と常陸宮との御間柄は……。

慶喜　別に伺ったことはない。
江間　常陸宮様御還俗《げんぞく》の時も、随分やかましゅうございましたな。
慶喜　そうだ。しかしながらよく御分かりなさる御方で、御人物だ。
（後略）

この記録から、当時の武家から見た朝廷の様子がよくわかるし、私が最も知りたかった孝明天皇と晃親王とのご関係も質問されていて、実に興味深い内容となっている。

薩摩の記録によれば、一会桑あたりの動きととらえているが、この会見の記録から察すると、慶喜が言っているように、この事件はあくまでも朝廷内のごたごたで、武家の方は全く関知しなかったことだったのかもしれない。孝明天皇の強い意志による御沙汰だった可能性がますます高い。

朝彦親王がこの御沙汰に絡んでいたかどうかははっきりしないが、晃親王の蟄居の御沙汰を聞いて、常日頃言動に気を付けるよう諭していたにもかかわらず、このようなことになって自分にも責任があると、進退伺いを武家伝奏に提出されている。

二十九日武伝被附

常陸宮蒙勅勘候由承恐入候乍、不及兼々致心添候得共、毎々不憚朝憲次第於朝彦何共恐入候、全平常説諭致方不行届ヨリ之儀一入恐入候、仍進退相伺候事

十月　朝彦

伝奏中

（『朝彦親王日記』二）

これは、身内としての思いが感じられる文章にはなっているが、やり手政治家として手腕をふるって、事件の渦中にあった朝彦親王のご真意ではなかったのではないかと思われる。

その後の晃親王のご様子は、次のようなものであった。

爾来親王には雨戸も御締切にて、御謹慎の御様子、御同事に恐入候外無之、結局附嗚呼二字申候

（『続再夢記事』十九　慶応二年十一月十二日条　松平慶永から伊達宗城への書簡の一部抜粋）

ここまで、列参事件に関するいくつかの資料を紹介してきたが、十月になって晃親王が受

けた勅譴が突然出るまでの背景は、いま一つはっきりしない。紹介してきた記録からも読み取れるが、親王に対して皆同情的であり、この御沙汰に対して驚きと嘆きの言葉を残している。

徳富猪一郎は、結局孝明天皇の強い意志が働いており、「然も如何に至尊が朝権の把持に就て、重大に御宸慮遊ばされたかは、此の一事を見ても拝察するに余りある」(『近世日本国民史』六十一)と結んでいる。

私にはこの御沙汰は武家の口添えによるものではなく、あくまでも朝廷内の孝明天皇と朝彦親王(そこに加えて二條関白か)の発議によるものであったように思われる。

ところがこの年の十二月二十五日に孝明天皇が急に崩御されて、また朝廷の形勢が変わる。孝明天皇の崩御に関してはアレコレと取沙汰されているが、朝廷内においていろいろな権力が台頭し、どろどろしていた時期であることは強く感じとれる。この後一気に明治維新へと事が動いていく。列参事件で蟄居などを命じられていた親王をはじめ公卿衆は皆許され、また政治の表舞台に出ていかれることになる。

慶応三年(一八六七)――九月十四日大政奉還、小御所会議があった

三月二十日、蟄居が宥免され、再び国政に参画される。

十二月九日、王政復古の大号令による庶政の改革により、議定職(※)に任じられる。小御所会議に参列、二品に叙せられ、随身兵仗《ずいじんひょうじょう》・勅授帯剱《ちょくじゅたいけん》の宣旨を受けられる。

十二月十六日、皇族制度の改正を建議される。その内容については、後章の門跡制度に対する意見に詳しく載せた。

※議定職とは、王政復古の際に設置された新政府の職で、総裁、議定、参与の三職のうちの一つである。太政官日誌には、「(宮公卿諸侯任之)事務各課ヲ分督シ、議事ヲ決定ス」とある。後に数名加わるが、この時は、親王、公家、武家の面々十名が就任した。

慶応四年／明治元年(一八六八)――鳥羽伏見の戦い、五箇条の御誓文宣布(三月十四日)

正月二日、旧幕軍と薩長二藩の兵が、鳥羽伏見に集結対峙する。

正月三日夕刻、鳥羽伏見の戦いの勃発。薩長二藩の苦戦の報が入り、宮中はすこぶる動揺する。

官軍敗退の万が一に備え、議定岩倉具視、参与西郷吉之助らはひそかに天皇の西国遷幸を計画。駕輿丁《かよちょう》らを手配、動座の準備を進めるが、それに対し議定松平慶永、伊達宗城らは、遷幸が人心擾乱《じょうらん》の因になることを晃親王に説き、阻止するための尽力を願う。親王は岩倉らの説得に当たられて、この計画は、取り止めとなる。

これも親王が武家と公家の橋渡しの役割をされていたことがわかる事項の一つである。正月十七日、三職分課の制が制定され、晃親王は外国事務総督に任ぜられる。外国事務局は「外国交際、条約、貿易、拓地、育民ノ事ヲ督ス」とある（『太政官日誌』二　慶応四年二月条）。

東本願寺を焼き打ちから守る

鳥羽伏見の戦いに際して、あまり歴史上取り上げられていないが、晃親王が関係された事柄をこの章の最後に紹介したい。それは慶応四年正月、晃親王が総本山東本願寺（お東様）を戦災より救われた一件で、あらましは次のようであった。

東本願寺は旧幕府軍に加担するとの疑惑があって、まずはここを焼き払うことで朝威を張るべしとの意見が出て、焼き討ち実行の計画が企てられた。

東本願寺の光勝御門主（厳如上人）のご室は晃親王の妹というご縁もあり、この計画を事前に知った親王は、何とか焼き討ちを未然に防ぎたいと、一月五日夜に議定集議所を出て、烏《え》帽《ぼ》子《し》直垂《ひたたれ》姿で、乗馬にて摂信興正寺御門主を訪れて相談される。そしてその足で摂信御門主とともに厳如上人を訪れ、異心なきことを確かめられ、厳如上人と御後嗣の現如上人御父子の御誓書を受け、厳如上人とともに参内して陳情なさり、その結果、焼き討ちにはならずに事が収まった（その日は、山階宮は午前三時にご帰還）。

その証として、東本願寺は一千両（一月）、五千両（三月）の軍資金を朝廷に献納することになる。このように〝お東様〟を焼き討ちから救ったのは、晃親王の機転がきいた素早い対応によるものであったことがよくわかる。

この一件に関して東本願寺側から書かれた『明治維新の東本願寺』という書がある。お寺からの依頼を受けて、一九八七年に歴史学者の奈良本辰也、百瀬明治両氏が史料を紐解《ひもと》き、明治維新の際の東本願寺の動きを詳しく述べている。

ちょうど厳如上人が御門主であり、江戸時代よりずっと幕府の庇護の下で繁栄してきた東本願寺が、どのように新政府に対応していったかの苦悩の歴史が述べられている。その中の「新政府への帰順」の項を、次に紹介する。

東本願寺は、幕末の政局が大政奉還、王政復古の大号令と煮つまっても、旧幕府の恩義を思い、なお迷っていたようだが、明治元年初頭、鳥羽伏見の戦いが勃発するにおよび、ついに新政府につくことを決断する。

鳥羽伏見の戦いは、明治元年正月三日の午後五時ごろ、鳥羽方面に戦端を開いた。それからおよそ一時間後、朝廷の使者が東本願寺を訪れ、献金すべきことを申し伝えてきた。鳥羽伏見の勝敗はむろん、この時点ではまだ皆目不明だったが、東本願寺は即刻朝廷の要請に応じ、とりあえず千両を献納する。

ついで、五日の夜九時ごろ、山階宮晃親王が馬に乗ってやってきた。山階宮は伏見宮邦家親王の長子で、一時仏門に入ったこともあるが、のちに還俗して山階宮家を創設し、維新政府で議定、外国事務総督に任じられていた。厳如上人にとっては、岳父に当たる。山階宮はただちに奥へ請じ入れられ、厳如上人とともに一室にこもった。

この日、鳥羽伏見の戦線では、旧幕軍が三度目の大敗を喫し、新政府軍の勝利がほぼ確定している。山階宮は、そのような情勢を踏まえ、献金よりももっと明白な形で朝廷への忠誠を表明するよう、厳如上人に勧めに来たのであった。両者の夜半の会談がどれくらい続いたかは、明らかではない。だが、結局厳如上人は、法門維持の重きに思いをいたし、内心の葛藤を鎮めながら山階宮の勧告を容れて、最後の断を下す。

「朝廷遵奉之儀、光勝（厳如）光瑩《こうえい》（厳如の後嗣現如）を始め門末一統更に異心無之候。徳川家由緒之儀は軽く、天恩の儀は重く候辺、決して心得違申間敷候、然る上は如何体之御用をも拝承仕度此段宜敷御執奏奉願上候。以て誓状件の如し」

厳如上人が認めた朝廷への誓状には、以上のように記されてあった。

以上が引用部分である。東本願寺側の記録には焼き討ちの企てのことは全く出てこないが、このような親王のお力添えによって、東本願寺は焼き討ちされずに残り、無事現在の威容をとどめることができたのである。

七、外国事務総督としての仕事

慶応四年（一八六八）二月二十二日、晃親王は堺事件の解決のため大阪へ出向かれ、仏公使レオン・ロッシュの要求に応え、仏艦に乗り陳謝される。

鎖国が解かれて外国人が国内に上陸するようになると、それまで日本では当たり前に行われていたことが通用しなくなり、まだ攘夷の考え方が横行しているこの時期、ちょっとした行き違いや外国人に対する反感から、死傷事件に発展してしまった外国人と日本人の間のトラブルがいくつもあった。

表沙汰になった最初の大事件が薩英戦争にまで発展した文久二年（一八六二）の生麦事件で、そのあと新政府の時代になって続いて起きたのが、神戸事件（慶応四年一月十一日）と堺事件（慶応四年二月十五日）であった。

堺事件は、和泉堺港から上陸した仏国軍艦ジュプレー号の乗員と土佐藩兵との闘争事件で、十一人のフランス水兵が土佐藩兵に殺害されたもの。これに激怒した仏公使のロッシュは、五カ条の抗議書を政府に提出した。そこには下手人の処罰、賠償、そして外国事務総督の皇族、すなわち晃親王と土佐藩主の陳謝という要求などが明示されていた。

新政府が誕生したばかりの時期であり、外国との力の差も歴然としており、何とか穏便に解決したいと願う政府は、要求をのむというかたちで事に当たった。皇族自らが頭を下げるという事態は前例がないことで朝廷内ではかなりの抵抗もあったが、解決のために晃親王は天皇の命をおびて二月二十二日に大阪へ向かわれた。

親王は諸大夫、家司など十四名、医師一名を随行され、広島、福井両藩士十六名が小銃を携帯してその警備にあたった。その際、親王は随行している一行に対して、大阪滞在中に順守すべき三カ条の事項を明示されている。

○不法な行動の禁止
○密かに贈物を受納すること、金銭の借用の相談などの禁止
○みだりに外出し喧嘩口論などをしないこと

その記載から、親王の強い御決意と使命感が感じられる。そして、翌々日の二十四日に、天保山沖に停泊中の仏艦ウェヌス号に乗船し陳謝されている。

その時の様子は、『山階宮三代』(同日条)には次のように記載されている。

時に同艦では軍楽を奏し、公使及び船将等が舷側に出迎えし、親王は宗城以下と共に船将室に請ぜられて公使と御会見あり、朝旨を伝えて遺憾の意を表明せられた。終わって茶菓の饗応あり、又艦内の設備及び操練を御覧の後、薄暮、同艦と天保山砲台の礼砲交換裡に同艦を退去せられた。

大変寒い日だったようだ。お互いに礼を尽くした会見であり、親王のこの陳謝はいたくロッシュを満足させたようであった。その場で親王は、ロッシュへ天皇との会見の申し入れをされている。

翌日には、土佐藩主であった山内豊範も陳謝のために同艦を訪れているが、加害者側の代表であったためか、軍楽の演奏などはなく、応対に温度差があったようだ。

これでロッシュの要求はすべて貫徹された。

二月二十五日、神戸にて親王は英・蘭両公使を訪問される。その際、英公使パークスの案内で英国軍艦オーシャン内を巡覧している。

堺事件の解決にあたって、英公使のパークスは新政府に相談役として的確なアドバイスをしてくれており、その労に感謝の意を表明するための御訪問であった。パークスの果たした役割については、石井孝氏は『明治維新の国際環境』（八〇八頁）で次のように述べている。

ロッシュを訪うた翌日の二十五日、山階宮は、兵庫碇泊のオーシャン号上にパークスを訪い、事件解決についての天皇の満悦を伝え、調停を促進するにさいして援助を与えてくれたことを、パークスに感謝した。ここで山階宮がとくに感謝の意を表しているのでもわかるとおり、事件発生以来、天皇政府とロッシュの間に立って、パークスの尽くした調停の労は、きわめて大きかったといわなければならない。（中略）

すでにロッシュから正式に要求が提出される前日、パークスは、サトウを通じて、今度の事件についての日本政府への要求が、各国代表の一致して決定したものであるならば、同政府は、猶予せずにその要求に応ずべきである、と説き、もしロッシュの要求が妥当の範囲を超えるときには、それを押さえようとする意向を示した。したがって、各国代表同意のもとにロッシュの要求が出されたとき、天皇政府は、パークスの助言に従って、その要求を全面的に受けいれた。そしてこの線に沿うて事件はきわめて急速に解決をみたのである。（中略）堺事件は、その規模からいっても、神戸事件よりはるかに大きい外交的危機を天皇政府にもたらすかもしれない性格のものであった。しかしその結果は、かの政府が、対外友好関係を維持しようとする意図及び『危険な武士階級を統御できる』その権力の強さについて、神戸事件以上によい証拠を示した。ここに英・仏・蘭三国代表の京都訪問という、天皇政府の外交的成功を印づける事件となって現われるのである。

その際のことを、英国の外交官の一人であり通訳であったアーネスト・サトウは、次のように日記に残している。

　十八日に（筆者注：日にちが合わないのは新暦のため）皇族の御一家で外国事務局督《ママ》の山階宮がハリー卿とポルスブルックを訪問するため神戸へ来られた。私たちは、ロッシュが殺害されたフランス人の人数に相当するだけの生命を要求するにとどめて、加害者二十名のうち九名の命乞いをしたことや、ハリー卿が京都招請に応ずるだろうという話を伊達から聞かされたロッシュが、自分もまた京都へ行くことに決めたなどということを、この山階宮から聞いたのである。

　この宮は私たちの知っている公卿と同じ衣裳を着けていた。紫の絹の袍衣（狩衣）をつけ、頭に黒塗りの襞《ひだ》のある小さな帽子をのせていた。年齢は五十ばかりで、短いあご髭と口髭をはやしていた。歯は、前に黒く染めていた跡が目立っていた。宮の随員は東久世、その子息、毛利淡路守の子息毛利平八郎などだった。

（『一外交官の見た明治維新』第二九章）

また同じく英国外交官であったミット・フォードも、山階宮に会った際に感じた同じような印象を記録に残している。

一八六八年三月十八日に天皇《みかど》の従兄弟の子に当たる山階宮がパークス公使を訪問したが、彼は京都で行われる天皇の謁見に各国公使を招くため、その前日に兵庫に来ていたのであった。山階宮は紫色の古代の宮廷装束をつけて、皺《しわ》になった黒い紙でできた奇妙な形の烏帽子《えぼし》を被っていた。彼は歯をお歯黒で染めていたが、それは二、三日ごとに塗り替えなければならないのに、たまたまその時は、その中途であったと見えて、見栄えがよくなかった。数日後、彼に会った時には、歯は新しく塗り上げられて、まるでエナメル革のように輝いていた。

（『英国外交官の見た幕末維新』第六章）

外国人にとって公卿、皇族の衣冠束帯は珍しいものだっただろうし、お歯黒という風習も不思議なものだったに違いない。二人が同じような感想を記録に残している。一方、親王が外国人にどんな印象を持たれたのか、記録があったら面白いのだが、そういった御感想のようなものは一切見当たらなくて残念である。

このように、新政府の外交上の成功に、晃親王は大きな役割を果たされたのである。またロッシュは、「『山階宮のような高貴な人が京都を離れて外国人と接触したのははじめてである』と特筆している」とある（『明治維新の国際的環境』）。

そしてついに天皇と外国要人の謁見が実現することになる。

二月三十日、外国使臣の朝見があり、天皇が紫宸殿にて仏公使レオン・ロッシュ、蘭国代理公使ファン・ポルスブロックと謁見。晃親王は外国事務総督として、副総裁岩倉具視とともに御帳台前に立ち勅語を伝宣された。

天皇にとっては、その日初めて間近で外国人を御覧になったことになる。その時の様子を、ロッシュは次のように書き残している。

ロッシュは、謁見の儀式の状態について『謁見は儀式用の大広間で行なわれた。私は天蓋のもと、左右に皇族・宮廷の高官・諸大名に囲まれている帝をみた。われわれは、帝の叔父で外相首席（筆者注：山階宮）がいる座席より一段低い台まで接近した。私がロワ・デュ＝プチ＝トゥワールを従えて台に登ったとき帝は起立した』と述べている。そしてロッシュの言葉に対する天皇の答辞は、天皇自身ではなく山階宮の声で伝えられた。

（『明治維新の国際的環境』第七章）

天皇や将軍が謁見時に直接会話をしないで間に人が入ることは、日本では普通のことであったが、外国人にとって、非常に奇異なことだったと思う。

英国外交官のミット・フォードは「天皇の謁見」という章で次のように書き残している。

その日少し遅くなって、伊藤候と後藤象二郎が、翌日の謁見の儀式について打ち合わせにやってきた。彼らは、幼少の天子がうまくその務めを果たせるかを大変気がかりにしている様子だった。天子にとって、すべてが新しいことであった。高貴な公卿のうち、ほんのわずかな人々しか天皇と面と向かって会うことが許されなかったことを思い出していただきたい。将軍さえ直接会うことができずに、赤い御簾《みす》越しに天皇が勅命を下すのを、その前にひざまずいて聞くだけであった。この十日の間に、厳格な掟《おきて》が破られて、ある大名が天皇に直接会う許しを得たほどであった。私は予期される試練に対して年若な天皇に同情を禁じ得なかった。

まず天皇が勅語を暗誦して、その通りに繰り返すと、その写しを山階宮に渡し、山階宮はそれを読み上げてから、伊藤へ翻訳するように手渡すことが取り決められた。その勅語は最終的にはパークス公使の手元に届き、彼が天皇に対して直接挨拶《あいさつ》の言葉を返すことになっていた。私については、山階宮が、天皇に紹介する手はずになっていた。それに対して天皇から「苦労」という挨拶の言葉を賜わることになっていた。

（『英国外交官の見た幕末維新』第六章）

入念な前準備のもと、午後にはイギリス公使と天皇との謁見が行われる予定であったが、ここでまた傷害事件が起きてしまう。それほど当時の日本は、外国人にとっては物騒なところだった。

同日、英公使パークスは、朝見のために宿であった知恩院を出て御所へ向かっていた。その途中の縄手通りの路上にて、暴漢に襲われるという事件が発生した。暴漢二人は純粋な攘夷論者で、外国公使の参内に反対して阻止しようと事に及んだもので、護衛兵十人が負傷した。そのため朝見は延期となった。

新政府は、晃親王を伊達宗城、東久世通禧《みちとみ》（外国事務局輔）、徳大寺實則《さねつね》（内国事務局督）とともにただちに知恩院に慰問に派遣し、勅旨を伝え陳謝することで対応した。

三月一日、親王は仏公使ロッシュの饗応を、岩倉具視、島津忠義、松平慶永、伊達宗城らとともに受けられた。また三月二日から、親王は治部卿《じぶきょう》を兼任されることになる。
そして三月三日、英公使パークスの朝見が行われた。三十日の襲撃事件により延期になっていたもので、日本の暦では節句日に当たり、よい日としてこの日が選ばれた。その時の明治天皇のご様子を、ミッドフォードは『英国外交官の見た幕末維新』第六章で、さらに次のように書き記している。

天蓋の下には若い天皇《みかど》が高い椅子に座るというより、むしろ凭《もた》れていた。天皇《みかど》の後ろには二人の皇族がひざまずいて、もし必要あれば陛下のお務めを補佐しようと控えていた。天蓋の外の陛下の前にも二人の皇族がひざまずいていた。天蓋の近くに位置し、高価な緑色の絹地で飾られた一段と高くなった床の上に、パークス公使と私が立ち、先導役の肥前侯が、そのそばにひざまずいた。片側には通訳を務める兵庫県知事伊藤俊輔が同じくひざまずいていた。天蓋の両側に二列か三列になって広間のほうまでずっとつながって薩摩、長州、宇和島、加賀、その他の大名が並んでいた。その時まで、我我《ママ》が名前しか知らなかった大名たちの生き姿を初めて、この目で見たのである。それは我々にとって極めて印象的な光景であった。この日の実現することを心に描いて苦労を重ねてきた我々が、これらの光景を目の前にして、どんなに感慨深く感じたか、お伝えすることは難しいだろう。

我々が部屋に入ると、天子は立ち上がって、我々の敬礼に対して礼を返された。彼は当時、輝く目と明るい顔色をした背の高い若者であった。彼の動作には非常に威厳があり、世界中のどの王国よりも何世紀も古い王家の世継ぎにふさわしいものであった。彼は白い上衣を着て、詰め物をした長い袴は真紅で婦人の宮廷服の裳裾《もすそ》のように裾を引いていた。被りものは廷臣と同じ烏帽子だったが、その上に、黒い紗《しゃ》で作った細長く平らな固い羽根飾りをつけるのがきまりだった。私は、それを他に適当な言葉がないので羽根飾りと言ったが、実際には羽根のような物ではなかった。眉は剃られて額の上により高く描かれていた。頬には紅をさし、唇は赤と金に塗られ、歯はお歯黒で染められていた。このように、本来の姿を戯画化した状態で、なお威厳を保つのは並大抵のわざではないが、それでもなお、高貴の血筋を引いていることがありありとうかがわれていた。付け加えておくと、間もなく若い帝王は、これらの陳腐な風習や古い時代の束縛を、その他の時代遅れのもろもろと一緒に、全部追放したということである。

英公使の朝見は滞りなく終わり、翌日イギリス女王の誕生日を祝った軽食会に大勢の日本人貴人が招かれ、ロドニー号に来艦した。その時の様子も、アーネスト・サトウの記録に詳しい。

山階宮が女王の健康を祈って乾杯を唱え、臨席の各員が心からこれに和した。来賓の大部分は知識ある人々なので、態度もよかったが、長州侯は大きい赤ん坊のようにふるまって、私を隣席にすわらせようとしてきかず、またシャンペン酒をからだに悪いほど痛飲した。（中略）外国事務局督《ママ》（筆者注：山階宮）は、もちろん礼砲を発射して迎うべき人であるが、この人は火薬をあまり詰めないでほしいと言った。どえらい砲声で耳を傷めるといけないからだった。

（『一外交官の見た明治維新』第三十一章）

天皇や皇族等についてあれこれと書き記すことは、当時の日本人はしなかったことなので、大変面白く、かつ新鮮な記述と感じられた。

また、『明治維新の国際的環境』（第七章）にもその様子が書かれている。

大坂に碇泊するケッペル中将指揮下の艦隊によって盛大な祝賀が行われた。ケッペルは、当時大坂にある朝廷の高官や諸大名に総招待を発した。そのうち約三〇人のものがパークスとともに、ロドネイ号におもむいた。外国事務局《ママ》督の山階宮が主賓であった。ロドネイ号上で開催された宴会で、山階宮が立上り、『今日は英国という偉大なかつ友好的な国の女王陛下の誕生日である。日本人はみな立ち上がって、私といっしょに、なみなみと酒をたたえて、女王陛下の健康のため乾盃しよう』と提議した。パークスは、これを『はなはだ喜ばしい、しかも予期されぬ挙動』としている。これに対してケッペルは、山階宮の健康を祝して乾盃することを提議した。ロドネイ号の見学後、ケッペルは、すべての賓客をオーシャン号まで送りとどけた。同艦は、日本海上における最初の甲鉄艦なので、一同は多大の関心をもって見学したという。別れを告げるに当って、ケッペル指揮下のすべての軍艦は、山階宮に対して十九発の礼砲を放ち、登舷礼を行なった。

　パークスは、信任状の提出の機会に、圧倒的な海軍力を大坂近海に出現させ、英国の国威を如実に天皇政府に示し、対英依存の念を深めさせようと企てた。それは、信任状提出の翌日に挙行された女王誕生日の祝賀行事によって、みごとに成功を収めたのである。山階宮の乾盃の言葉は、これを充分に示している。

　外国事務総督という職は、いわば今の外務大臣に当たる職務で、外国とのトラブルに対処する役割を担っていた。堺事件とか、パークスの事件の対処について、御立場上仕方がないこととはいえ、続いて事件が起こり、この頃の晃親王は気の休まる暇もない状態であられたと思われる。お飾りにすぎなかった皇族が多い中、晃親王の働きについて、浅見氏は著書『伏見宮』の中で次のように評価している。

明治以降、晃のように高齢の者は別として、男性皇族たちの多くは陸海軍いずれかの軍人となり、皇族であるがゆえに昇進、地位などにおいてきわめて優遇された。ところが、彼らが階級、地位にふさわしい責任を果たしたとはとても言えない。一言で言えば、皇族は甘やかされたのである。そして、こうした傾向は時代が下るにつれてひどくなっていった。

それを思えば、王政復古直後の晃がこのように国のために屈辱を忍んだのは、まことに健全なことだったと言えよう。皇族も新しい国を作るために、率先して汗をながすのが当然とされていたのである。

新政府発足以来、外交上の難問が山積する中、晃親王がお若い明治天皇を支え、国事の要として活躍されている様子がよくわかる。天皇親政を目指した新政府にとって、皇族の晃親王は長老でもあり、外国人に対する偏見もなく、分け隔てなく人に接することができる人物であったので、外交上の要として大いに有用な人材であったに違いない。

五月二十日、晃親王は官制改正により議定職、外国事務総督を免ぜられる。そしてこれ以降、親王は新政府の官にはつかれなかった。

八、門跡制度に対するご意見

少し時代が後戻りするが、親王が門跡制度に対して具体的な提言をされていった過程を振り返ってみたい。

まず元治元年（一八六四）三月二十七日に幕府は、公武合体運動の進展を図り朝廷尊宗の実を挙げるため、条目十八条をあげて内々朝廷へ稟議《りんぎ》した。その中に天皇行幸のこと、皇子女の出家停止のことがあることを知った親王は、その実現を冀《こいねが》われ、その日のうちに島津久光へ書簡を送り、実施されるよう斡旋を依頼されている（『島津久光公実紀』巻四〈元治元年条〉）。

山階宮ヨリ書ヲ公ニ賜ヒ一橋中納言稟十箇八條中行幸及皇子皇女ノ件ニ関シ公ニ斡旋ノ事ヲ託ス其ノ文ニ曰ク
（中略）扨又一橋ヨリ禁中エイロ々々言上ノケ條中ニ
行幸ノ事
皇子皇女ノ事

御座候ヨシ、右ハ先々御代ヨリ天皇モ上皇モ御望深ク被為在候ヘ共、時勢難行事ニテ候、後光明帝、桜町帝モ深ク御歎息、近ク光格帝ノ御大息ハ、親ク小子毎ニ奉伺候事ニ候、実ニ々々悦伏カ畏伏カハ存候ハス、柳営ヨリ如此天気美義奏聞ト申勢ニ相成候、根元ハ、貴朝臣御東行ノ力ニヨリ候始末ユヘ、種々御不満ノ事ハ、恐察候ヘ共、何卒々々右二ヶ条ハ、内外ニツキ御尽力奉希候、宮殿、神事、節会等、顕然ノ分ハ、彼摂家以下、古今周旋候ヘ共、真実龍顔麗敷玉体御保養ノ実事ハ、一向々々申出ス人体ナク候間、呉々内々御願候、晃儀乍恐光格仁孝両御世ニハ、御内儀ヘ、格別御親敷被成下候、内勅モイロ々々拝承、乍恐深ク歎息候事モ候間、愚宀ノ趣申入候間、其辺万々御賢察可給候、草茅危言ハ、光格帝、毎度御賞ノ書ニ候間、此辺モ御考合可給候、新井白石ノ折焚柴ニ記候皇女皇子ノ論、又ハ水戸ノ一班抄ニ記候、后親王ノ事、総テ御考合セ可給、併水戸ノハ論余リ々々大ニシテ、人心不伏カト存候間、小ニハ候ヘ共、竹山ノ論ノ方、人心悦伏ト存候、尤近衛老公、中川ハ定テイラサル事ト思食ヘク候ヘ共、聖天子ノ御心中ヲ奉恐察候ヘハ、臣子ノ情、不忍一大事ニ候間、申入候何モ々々愚人ノ愚意ト、可被免候、恐々謹言

三月二十七日　晃

島津少将殿

玉案下

代々の天皇が皇統の途絶えることを深く憂慮されていることや、皇女皇子のことは自分以外提案するものはいないので、ぜひとも尽力してほしいことを切々と訴えておられる。

その書簡の中に、新井白石『折《おり》たく柴《しば》の記』、水戸徳川家・徳川斉昭の『一班抄《いっぱんしょう》』、中井竹山の『草茅危言《そうぼうきげん》』のことが出てくるが、どれも皇子女の出家をやめるべきとの提言がなされており、それらは親王のお考えを代弁する重要な意見であるといえる。なかでも『草茅危言』の提案には深く共感されたようで、明治元年四月大阪へ所用があって行かれた際、中井竹山の家塾であった懐徳堂へも立ち寄られ、堂へ記念の御紋散らしの刀子を進呈されていることでもその思いが感じられる。

稲垣國三郎著『中井竹山と草茅危言』は、中井竹山の書に著者が感想を付け加えて書くという構成になっている。その中の「皇子皇女の事」の一部を取り上げてみる。

　此の項にも尊皇の精神があふれて居る。即ち此の時代御痛はしき御境遇にあらせし皇子皇女方の御生涯の御幸福を心からお祈りし又その具体的方法までも述べて居る。
　御痛はしくも故なくして皇子の法親王とならせられ、皇女の尼御前とならせらるゝを不可とし、御弁護申して居るあたりは涙なしには読まれぬ。

『草茅危言』（抜粋）

一、皇子皇女の出家を遂《とげ》させ玉ふ事其の来る事已に久し。今の京になりてもはや千年に及べる故実となりたり。されども、其の初は或は病《やん》で披剃し、又は事故に感じて遁《とん》世《せい》し玉ふ事の類にて、其の時仏法盛んに行はるれば皆心より発起の事なり。其の可否は姑く是をおく。既に甘心の上は強て論ずるに及ばず。後世は御門跡、尼御所など次第に多くなりたれば、皇胤は広くても中々引き足らざる程なれば、親王家より御養子としてすわらせ玉ふ事なり。其れにさへ御無住の場所追々出来るゆゑ、皇胤は儲宮の外、親王家は冢子《ちょうし》の外は皆御幼歳より夫々の門主の御附弟として悉く出家に定まり、この事永く国家の制度となり、その甘従と否とは問にいとまあらず。今日にては諸皇子皇孫皇女の処置は、出家より外にはなきようなる姿になり来りたり。自然の勢の然らしむにや。（中略）愚はかねて窃かに思ふに、人間に於て上もなき御身と生れさせ玉ひて、人世の娯楽は十分なるべ〔き〕ま事なるに、人道をもしろしめさず、服飾《ふくしょく》の望み、飲食の欲も絶棄させ玉ひ、子孫の目前を慰め、身後を恃《たの》むべきこと聊かもなく、いとけなき御齢より心の外の披剃にて、止む事を得ず世を厭はせ玉ふ事と、成長の上にて思し召さんは限りなく痛はしき御事なるべし。されども、既に法門に入らせ玉へば、戒律《かいりつ》は厳重ならざる事を得ず、万一破律の事ありては、その御

罪も軽《かろし》とせず、是又余儀なき御事なるべし。（後略）

傍点の部分は、著者の稲垣氏が中井竹山と同じ感想を持ったとの思いが伝わってくる。まさに、この項は、晃親王の境遇を思って書かれたに違いないと思われるような文章である。親王も、涙なしにはお読みになれなかったに違いない。

『折たく柴の記』には〝親王家冊立封事〟という項目で、皇統が途絶えることを危惧し、皇族の出家のことに触れている。原文とその注を少し書き出してみる。

皇子・皇女皆々御出家の事に於いては、今もなほ衰へし代のさまに、かはり給はず。凡そ匹夫匹婦《ひっぷひっぷ》の賤しきも、子を生みては、必ず其の室家《しっか》あらむ事を思ふ。これ天下古今の人の情なり。（中略）か丶る世の習はし（注・皇族方を御出家にする習慣）となりて、年久しければ、朝家まで今まで申させ給ふ御事こそなからめ。是等の御事願はせ給ふべき所とも思はれず。たとひ又、朝家には申させ給ふ御事こそなからめ。これらの御沙汰（注・御出家のわるい習慣を廃止する御規定をいふ）なからむ事、上に仕ふまつらせ給ふ所を、尽されしとも申すべからず、当時公家《くげ》の人々、家領《けりょう》の程もあるなれば、皇子立親王《わうじりつしんおう》の事おはしまさむにも、いか程の土地を参らせらるべき。（中略）この国天祖《てんそ》の御後のかくのみおはしまさむに、当家（注・徳川家）神祖の御末は、常磐《ときは》堅磐《かきは》に、栄えおはしまさむ事を望まむは、いかにかはさぶらふべき。されど、某が申す如くならむには、これより後、代々の皇子皇女、その数多くおはしまさむに至りては、天下の富も、つがせ給はぬ所ありぬべしなど申す事も候はむ歟《か》。古より皇子皇女、数十人おはしまし、代も少からねどそれらの御後、今に至り給ふは、幾許もおはしまさず。天地の間には、大算数《だいさんすう》といふもの、あるなりと、古の人は申したりき。これ等の事は、人の智力のおし量るべき所にあらず。只理の当否《たうひ》をこそ論じ申すべけれ。

（笠原節二校注『折焚く柴の木』）

水戸徳川家の徳川齊昭著『明訓一班抄』は、隠居後、彼の考えを子孫に伝えるため書かれたものだが、七項目から成り立っており、宮方の出家をやめるべきとの提案は、そのうちの「仏法を信ずべからざる事」にある。かなり強い口調で仏教を批判し、神道に立ち返るべきとの主張をしている。一部を取り上げてみると、

斉昭謹按に、佗言申儀抔は、僧侶の持前ともいふべきなれども、夫さへ御用なきにても、御政事向の儀へ、一切出家の口出し不レ成事知べし、統て出家と狐狸とは、正しき人をば惑し難き故、婦女子のかたへ取入、婦女子の中に、偽言を信ずる人有時は、愚婦愚民は

欲にまよひて、仏を信心せば、極楽へも行るゝと惑心出来て、我もわれもと偽言する事になれり、扨又婦女子に信心のもの有時は、其子まで異端の邪法に引入られて、何の譯もなく、仏法といふものは、有難き様におもふ物なれば、兎角奥向婦女子にて、仏法を好むものなきやうにする事肝要なり、却て出家にても、立上がりたる者は、仏法は偽事と、わが心には知ながら、人を欺くが今日の役のごとくなれば、偽と知り異端と知つゝ、人に説て聞するはことに悪むべし、恐多くも宮家の御方々は、皆歴々の王孫にましく候へども、御剃髪にて、夷狄の衣をさへ服し給ふは、いづれにも嘆はしき御事にて、たとへ仏法は悪敷と悟り給ひても、其職に成給ひては、あしきとも仰せられかね、又悪敷と被仰なんには、肉食妻帯を好み給ふやうに聞えん事を憚り給ひ、あたら嫌疑に責られて、仏法を実の道のごとく説たまふぞあさましき（後略）

との実態を述べ、どうすればよいのかの意見を次に述べている。

（中略）宮方を出家になし給ふ事を禁じ給ふべし、されば第一に得度の法を立、天下の僧徒自滅し、又神道を学び給ひて、人々仏を信ずるの心を薄くし、其外勢によりて是を導給はば、日本国中異端の邪道絶て、正道にかへり可申也晃親王も久光公への書簡に述べておられるように、かなり大胆な発言で、人々には受け入れにくいものであったかもしれないが、宮家の皇子皇女の出家に批判的な意見には違いない。また、慶応三年（一八六七）に王政復古の大号令が出された際、新政府に皇族制度の改正、宮門跡制廃止などを次のように建議されていることからも、門跡制度を即刻廃止すべきと親王が強く思われていたことがわかる。

皇室制度の改正を建議し、皇子は悉く親王と為し、二世王より賜姓臣籍に列すべきこと、宮門跡の制を廃止すべきことを述べ、徳川斉昭の明訓一班抄、中井積善（〇竹山）の草茅危言の所説を取捨採用せんことを請われた。その文は次の如くである。

乍恐言上

宗室之事

今日ゟ皇子降誕被為在候節は儲君之外は悉立親王、母系尊分ハ三品ニ起リ極一品、母系賤分は四品ニ起リ極二品、初代親王二世諸王之代賜姓、或ハ皇子多上皇亦皇子多被為在節は、従初代賜姓列臣、方今之諸親王等進退之儀は、晃より建白憚入候間言上不仕候、大体臣家ト相違親王家ト申号何共如何ニ存候、宮門跡之寺々も断然被廃候方聖代之初政

ニ可然儀と存候、摂家門跡之方は近衛家以下へ一応異見御尋之上御沙汰被為在度候、乍恐水府齊昭卿明論明訓一班抄碩儒之忠策中井積善草茅危言即今之時情ニは陳腐ニ候得共御取捨御採用仰願候也

追伸御猶子宮号ハ親王宣下ニ付無拠辺も候歟、御養子宮号ハ実ニ近代之事公私ニ付無益、必竟掖庭より出候事歟と存候、同断然今日被廃候様仰願事

十二月十六日

蓋し王政復古後の、皇族制度に関する建言の嚆矢《こうし》とすべきものである。なお親王は是月、昨今朝廷では貴賤礼を失し、上下権力を争う形勢が甚しいとして、廟堂の秩序を正し、総裁、議定の権を重んずべきことを建言せられ、又上下議事院を設立し、国事長官・次官・判官・主典を置いて宮・堂上・諸侯その他を之に任ずること、門跡寺院を改廃し、その仏像・経巻・寺領等の処置を配慮すること、寺院制度、就中門跡制度の改正を速やかに行うべきこと等の三事を建議せられた。（『山階宮三代』慶応三年十二月十六日条）

親王の言は、皇族でありかつ僧侶であった御経験にもとづいているので現実に即していて、門跡寺院の廃止後の寺宝や寺領の移転先も具体的にしっかりと言及されており、優れた建言

といえるだろう。

この建言のように、神仏分離の政策において、分離後の仏教寺院に対する対策までしっかり提言がなされていれば、あのようなひどい廃仏毀釈の動きも起きず、日本の宝といえる多くの寺宝が失われることもなかっただろうと残念でならない。

京都における廃仏毀釈と神仏習合

ここで晃親王とは離れるが、少し京都における廃仏毀釈の状況に触れておきたい。

慶応四年の王政復古の大号令とともに、神仏分離に関する法令が出された。政府の意図はあくまでも分離ということであったが、いつのまにかそれが廃仏毀釈という大きなうねりとなって広がり、あちこちの寺院が打ち壊される事態となった。

神社の例では、仏教色の強かった神社がかなりの損害を受けた。北野天満宮は北野神社と改称され、社内の仏像は撤去されて多宝塔は打ち壊された。現在鉄筋コンクリート製の宝物館が建っているが、そこが多宝塔の跡地と見られている。

また石清水八幡宮も、仏像などがすべて取り払われ、諸坊と大塔が取り壊された。平成二十五年(二〇一三)三月九日付の京都新聞に「石清水八幡宮、幻の『大塔』遺構を発見」という記事が載ったのをご記憶の方もおられるのではないかと思う。その記事によると、和歌山県・根来寺に現存する国内最大の大塔と同規模だったそうで、現存していたら見事だっただろう。

その他多くの寺が廃寺に追い込まれ、仏像のみならず仏具や什器類、金属製の仏具まで放り出されたり二束三文で売りに出されたりした。そして、府庁に持ち込まれた金属製の仏具が何と四条大橋になったということを、雑誌『ぎをん』一四八号の記事から知った。

鴨川にかかる数ある橋のなかでも、四条大橋は、すでに明治の初めから特別あつかいされてきた。木造だった橋は、明治七年、最初の鉄橋として生まれかわっている。京都で唯一の鉄橋を誕生させたのは、京都府と祇園の町衆だが、隠れた生みの親は廃仏毀釈という社会的現象なのである。（中略）

廃仏毀釈というリストラの嵐のなかで、多くの寺院が廃寺に追いこまれ、本尊の仏像だけでなく仏具や什器類まで没収された。府庁に次つぎと運びこまれた金属製の仏具類、それが四条鉄橋の鉄材に再利用されたのである。

（福本武久「四条大橋と祇園」）

四条大橋にそのような深い歴史が刻まれているとはつゆ知らず、日頃、何気なくわたっていた。私自身、生まれ育ちが東京で、小さい時から神社と寺は全く別のものというのが当たり前であって、京都に移り住んでから、神仏が混交した祭りがあったり、寺の中に神社がある境内配置にびっくりしたり感動したりすることが多々あった。

たとえば粟田神社の粟田祭は今日復活して盛んになってきているが、青蓮院や知恩院の僧侶が祭事に参加し、まさに神仏混交を思わせる儀式が続出する。

昨今京都では、神仏習合が日本古来からの自然のかたちであると、寺と神社が合同で活動する動きも出始めている。明治の国造りの際には、分離して新しい国家を造るという意気込みの下に実行された政策なのだろうが、我々は神社に初もうでに行き、仏教の葬式に行く、といった生活が普通であり、神棚とお仏壇の両方がある家もたくさんある。神仏習合というのは、昔から日本人が培ってきた精神のかたちであって、体に染みついた自然な姿のように感じられる。だから再びそのかたちに戻そうという神仏習合的な動きは、歓迎すべきことのように思う。

九、京都へ戻られて

明治四年（一八七一）十一月四日に、晃親王は病気を理由に隠居願を太政官正院に提出されているが、十六日、天皇の許可が下りず、「勅旨によりこれを却下される」。

明治五年十月九日にお気持ちに変化があったのか、東京移転の御希望を出し、移られている。その際、京都の邸宅を返上され、神田錦町二丁目にあった旧長谷信成邸（八十八坪）を賜っている。そして五年ほどの東京暮らしの後、明治十年八月十五日に再び提出した隠居願が聴許され、京都へ戻られることがかなった。

京都へ戻られてからの親王は、年始・中元・歳末の墓参りは年々欠かさず、それ以外のほとんどの日々を寺社巡りで過ごされている。

勧修寺をはじめとして、十七日は清水寺、日限地蔵、建仁寺の摩利支天、六波羅蜜寺、二十一日は東寺、二十五日は北野天満宮、東向観音、釘抜地蔵、平野神社など、日を決めて行かれるところもあれば、それ以外にも一日に数カ所を精力的に巡り、長年の籠居の時間を取り戻されるかのようであった。特に観音信仰がおありだったのか、洛陽三十三観音霊場なども精力的に巡っておられる。お寺巡りへはたいていお供を一人連れ、近くへは人力車、遠方へは馬車で出かけられることが多かった。

『山階宮三代』にはほぼ連日、回られた寺社が書き記されているが、人力車や馬車を使われたとはいえ、タクシーなどない時代だし、ものすごい数と範囲であり、よほど健康でご意欲がないと、これだけのところを一日では回れないと思う。

元気で健康でいらしたことは『伏見宮』の著書の中にも記述があり、「とにかく元気な老後であった」(二一四頁)とのタイトルで、著者の浅見氏も同様の感想を述べている。

晃が年をとってもとにかく元気なことで、じつによく京都市中や郊外に足を運ぶのみならず、東京にも何度も出かけ、それ以外の地方にも旅行している。七十代半ばになっても、京都を一番列車で発ち、午前零時に新橋着というスケジュールをこなすのだから並大抵の老人ではない。

ここで旅行のことが出てくるので、出かけられた時期と場所を紹介しておきたい。皇族であるため、旅行に行かれるときにはあらかじめ政府に届け出をしなければならなかった。だが今ほど警備などは大変ではなく、かなり気軽に出かけられる旅であったようだ。

表2 山階宮晃親王の旅行記録（明治十六年〈六十八歳〉から同二十八年〈八十歳〉まで）

和暦	日付	旅行先
明治十六年	四月二十七日～五月六日	高野山～吉野～和歌山
明治十八年	一月二十一日～五月一日	古希の祝いのため東京滞在 その間は麹町富士見町の山階宮本邸に滞在。古希を迎えたため盛大な祝いの会が、各所で催された
	三月二十一日～二十五日	長野
	四月十一日～十六日	日光・宇都宮
明治十九年	十月七日～九日	有馬温泉
	十月十九日～二十二日	敦賀～岐阜～養老
明治二十年	五月三日～五日	大阪方面
	十一月二十二日～二十五日	室生寺参詣
明治二十一年	九月二十九日 ～二十二年一月二十三日	東京に滞在
	十月二十日～二十七日	仙台・福島
	十一月五日～七日	碓氷峠・妙義山
	十二月二十三日～三十一日	熱海（途中菊麿王と合流）
明治二十二年	六月一日～十八日	香川・広島・岡山

	八月三十一日～九月五日	福井（菊麿王同道）
	十月二十九日～十一月四日	嘉仁親王（後の大正天皇）の立太子の賀へ出席のため東京へ
明治二十三年	五月十一日～二十三日	東京滞在 上野公園にて第三回内国博覧会が開催されており、その見学のための滞在か？
明治二十四年	四月二十日～二十七日	高野山・河内地方
明治二十五年	五月二十三日～三十一日	大阪・丹後～宮津方面・天橋立
明治二十六年	五月五日～六日	妹の村雲日栄尼と須磨へ
明治二十七年	三月五日～四月二十六日	天皇の御大婚二十五年祝典のため東京へ
明治二十八年	三月二十一日～二十八日	天皇広島行幸の天機奉伺のため、岡山・広島・尾道・姫路に宿泊

明治二十八年以降は宿泊を伴う大きな御旅行の記録はないが、八十歳まで毎年旅行に出かけており、七十歳代はとてもお元気で気力が充実されていたことがよくわかる。

十、京都にて明治天皇の名代を務めた行事

晃親王は京都における琵琶湖疏水起工式、内国博覧会開会式、平安奠都《てんと》千百年祭などの行事へ、明治天皇の名代として参列し、皇族最長老として存在感を示された。

御千度巡りまでして反対したが実行されてしまった天皇東幸によって喪失感を感じていた京都市民にとって、親王は、天皇に代わる存在として心の依りどころとなったといえるだろう。東京に一度は住む決意をされるが、戻られて、亡くなるまで京都に住み続けられたのは、本当に京都がお好きだったに違いない。

琵琶湖疏水事業

京都復興を図って興された疏水事業には、親王は特に深い関心を持たれていた。起工式に御参列後、二度にわたって工事現場にも出向かれており、明治二十年八月二十三日付と二十二年五月七日付の『京都日出新聞』の記事となっている。そこには、熱心に田邊朔郎（建築総監督）らに現場の状況の説明などを聞かれている様子が書かれている。

また起工式の際に読まれた歌が、新聞や本に紹介された。

開けゆく　御代のしるしは　にほの海(※)の　水もかよはん　加茂の川瀬に

（『京都日出新聞』明治十八年六月十四日付「インクライン物語」）

※にほの海＝琵琶湖のこと

この歌は短冊に書かれ、京都府より請われて寄贈されたらしい。府に問い合わせてみたのだが所在不明だった。

また起工式の際に祝い文を贈られていて、『琵琶湖疏水及水力使用事業』（京都市電気局）に次のような文で紹介されている。

この日　山階宮晃親王殿下には畏くも疏水工事に関し深く御心を寄せさせられ親しく左の令旨を下賜あらせられた。

祝　文

本日此式場ニ臨ミ疏水起工ノ盛儀ヲ観テ恭ク

天皇陛下ノ万歳ヲ祝シ奉リ併テ京都府知事及ヒ諸官員諸有志輩ノ励精尽力能ク其ノ前途

ノ目的ヲ達シ府下人民ノ為ニ永世庇益ヲ与ヘンコトヲ企望ス
明治十八年六月三日
二品勲一等　晃親王

二度にわたって工事現場を見学されたり、わざわざ祝い文を送られているところから、この事業に対する親王ご自身の強い思いが伝わってくる。

第四回内国勧業博覧会の開場式（明治二十八年四月一日）

天皇の名代として臨席し、勅語を奉読される。開場式を紹介する新聞記事は、この様子を次のように描写している。

（前略）御名代山階宮殿下の御臨場を待つ既にして十時過ぎ、場外音楽室に嚠喨《りうれう》音楽の声聞江、御車の音轔々砂を輾りて此方に向ひぬ、御車は斯くて西の方なる式場の前にて停まり、殿下は静かに玉歩を移させ給ふ、榎本副総裁御先導し奉り、階を昇りて式場の御席に御案内す、殿下は双鬢に霜を帯びさせられ優に大礼服を召せられ、金装燦爛大勲章と相映じ尊きこと言はんかたなく、右の御手に御杖を曳かせられ、壇上に上せらるる賀陽宮殿下其他壇上にて迎はれたる方々に御会釈ありて御座に就かせらる（後略）

（『京都日出新聞』明治二十八年四月二日付）

第四回内国勧業博覧会褒章授与式（明治二十八年七月十一日）

明治天皇の代理で、勅語を奉読される。

平安奠都千百年紀念式典（明治二十八年十月二十二日）

天皇の名代として臨席し、勅語を奉読される。紀念式を紹介する新聞記事には次のようにある

平安奠都千百年紀念式は、昨日午前十時二十五分紀念祭典施行に続ひて挙行せられぬ、（中略）午前十時御名代山階宮晃親王殿下には御馬車に召させられ、警部四騎前衛後衛として、やがて旧博覧会場正門より入御なるや、陸軍々楽隊は工業館西手に整列して、君が代を奏せり、更に同大通りを通過あらせられ、龍尾壇に御着あり、来賓一同は位憩《きうけい》所前に於て敬礼を行ひ、市参事会員市会議員紀念祭委員及協賛会長幹事は御車寄にて奉迎せり、斯くて殿下には同壇下に於て御下車あらせられ、同所より山田府知事御先導申上げ、御徒歩にて東歩廊東福門より便殿に御着あらせられる。（中略）大極殿中央に設けた

る玉座に御着席あり、此間軍楽隊の奏楽あり（筆者注：このあと府知事の奏上文の朗読文があるが中略）、府知事の奏上了はるや、山階宮殿下には起立あらせられ御声朗らかに、左の勅語を宣らせ玉ひぬ、此間一同起立して最敬礼を行ふ、

勅語

茲《ここ》に京都市民平安奠都千百年紀念式を挙く

朕之を嘉《よみ》す

斯くて再び御座に着かせらる丶や、本部京都府書記官は殿下の御前に進みて、恭しく内務大臣より寄せたる祝辞を代読せり。（後略）

（『京都日出新聞』明治二十八年十月二十三日付）

これに続いて次々と祝辞などが述べられ、式典の様子や臨席した人の名前など紹介されている。また、殿下御退場の際にも君が代の奏楽ありと記されている。

新聞の一面に大きく取り上げられた記事からは、まさに天皇の代役を務められている御様子がわかり、京都において親王は、天皇と同等に近い大きな存在であったことがよくわかる。

また皇室がらみの大きな行事があるたびに、東京へ出向いて参列されている。それ以外の用事で東京へ行かれた時にも、必ず参内して天皇に拝謁し天機奉伺《ほうし》されている。

明治二十三年十一月二十九日の第一回帝国議会開院式で、天皇に陪侍し臨席したときの御様子は、明治神宮外苑にある聖徳記念絵画館の展示の絵として描かれている（口絵参照）。皇族は全員軍人になるべしという国の政策に対して、高齢を理由に断り続けて軍人になられなかった親王は、軍服は着用なさらず、そのため特別に大礼服が作られたとのことである。開院式の絵には、大礼服の親王のお姿が描かれており、絵葉書になって販売されている。

十一、明治天皇とのご関係

明治天皇は孝明天皇の急な崩御により十五歳で即位され、いきなり天皇親政をうたう政治の表舞台に立たれることとなり、心細く不安なスタートであられたと思う。晃親王は皇族の最長老でもあり、相談のできる身内ともいえる存在で、明治天皇をよく補佐し、天皇も絶大な信頼をおいておられた様子がわかる。

明治天皇と親王とが密接に関係された事例を列挙してみる。

明治元年（一八六八） 八月二十七日、明治天皇即位式で、右侍従を務められる。

明治二年（一八六九） 二月末、明治天皇の東幸が不可であることを、有栖川宮、伏見宮、東伏見宮と連名で建白される。

皇族として、天皇は京都におられるべきであると考えられていたことがわかる。しかし、政府により天皇の東幸が実施され、三月七日に天皇が発輦《はつれん》。晃親王は有栖川宮熾仁親王とともに親王総代として東京へ行かれることになる。この際の東京御滞在は三月二十八日から四月十三日であった。

また天皇御不在の御所のお留守番として、三月十日から二十一日にかけて数日、宿直《とのい》のお務めをされている。夜六時に参内し、翌朝六時に退出されるというお務めだった。

明治五年（一八七二）五月三十日、天皇が中国・西国巡幸で京都に入られたので奉迎。六月一日、小御所にて拝謁し、鮮鯛一折を献上。六月二日、天皇のお土産として紋紗一巻を拝領された。

また、晃親王はこの年の秋に上京、十月三十日には吹上御苑にて天皇の御乗馬、打毬などを拝見されている。その後、明治十年までは東京におられたため、自ら参内したり、天皇よりのお召があったりと行き来があり、新年の拝賀にはじまり、新年宴会、天皇行幸の諸行事に陪侍されたり、紀元節、天長節、御歌会などの宴にも参加されている。

明治六年（一八七三）一月一日拝賀。三月六日には大森梅屋敷の梅花御覧に御陪従された。四月六日、お召により浜離宮に。天皇に陪侍して御苑内を遊歩され、中島お茶屋においてお弁当を御相伴された。

五月五日、皇居が炎上し赤坂離宮が仮御所となった際には還幸に供奉。他の親王方とどもに、天皇陛下に葡萄酒五箱、コップ六個、皇后陛下に蒸し菓子一箱をお見舞いとして進献されている。

明治十八年(一八八五) 一月二十一日、親王は上京し、五月一日まで麴町区富士見町にある山階宮本邸に滞在する。これは東京にて、親王の古希のお祝いが行われるためであった。

明治天皇は、二月六日に山階宮邸で行われた古希の賀に臨幸された。

まず便殿にて、親王ならびに参集していた皇族方に賜謁され、庭に設けられた舞楽所で管弦、舞楽を御覧になった。その後、親王が用意された晩餐を召し上がり、和やかな宴が執り行われた。天皇の御所望で、親王は謡曲『高砂』を吟じられ、更に朗詠を命じられて「かしこしと云うもかしこき有難き　我が大君のけふの御幸は」と詠じられた。

この日天皇より多数のお祝いの御品(金千円、銀杯一組、銅花瓶一対、酒肴)が届けられ、家職一同にも金一封が届けられた。宴の終了後、天皇は午後六時半頃に還幸された。

翌日には皇后が宮邸に行啓されて、さらに女性中心の宴が開かれた。この際に、実質、晃親王の妻代わりの役割を担っていた玉川(中川藤子)は、皇后より内謁見を許され、進物を賜っている。

後日、天皇と昭憲皇太后(明治天皇の皇后)より、古希を祝賀し「寄竹祝」と題した御製・御歌を賜い、短冊に書かれたものが残っている。御宸筆である（口絵参照）。

明治天皇御製　寄竹祝

九重の　うてなの竹の千代かけて　さかえむよこそ　たのしかりけれ

昭憲皇太后御歌

よろこひの　ふしを重て呉竹の　千代もさかえん　末そ楽しき

明治二十二年（一八八九）二月七日には、憲法発布式のため、一番列車にて上京される。二月十一日、憲法制定の式典に参列し、午後は天皇皇后に供奉して陸海軍観兵式に臨まれ、その後の宮中饗宴に天皇の名代として臨席されている。その日を振り返られた親王の御詠歌がある。

なに事も　神代にかへす　すへらきの　大御手ふりの　今日のかしこさ

（『山階宮三代』明治二十二年二月十一日条）

またその年の歌御会始《うたごかいはじめ》の儀の御詠歌にも、天皇に対する思いが込められているように思う

（お題・水石契久）。

いしかはせみの　小河のさされ石の　いはとなる代も　君はみるらむ

（『山階宮三代』明治二十二年一月十八日条）

十一月、嘉仁《よしひと》親王（後の大正天皇）を皇太子として冊立するための立太子式があり、再び上京。宮中に参殿し、お祝いの宴に臨席される。

七十四歳というご高齢にも関わらず、年間二回も上京され、御滞在中も連日にわたりいろいろと行事をこなされている。

明治二十三年（一八九〇）四月五日から十七日まで、天皇皇后が京都へ行幸啓された。そして十二日には御二人おそろいで、山階宮家（聖護院邸）へ行幸啓されている。

十一月二十九日、晃親王は第一回帝国議会開院式に天皇の行幸に供奉して貴族院に行き、天皇に陪侍して列席された（一三三頁および口絵参照）。

明治二十五年（一八九二）六月、親王が肺炎になられた際、天皇皇后は侍医である岡玄卿を東京から京都へ派遣して診察に当たらせている。また、お見舞いとして真魚料金五十円を賜っている。

これは明治天皇が晃親王をとても大事に思われていたことが伝わってくるエピソードの一つである。

明治二十七年（一八九四） 晃親王は天皇皇后の御大婚二十五年祝典に参列するために上京される。式典に御参列後、青山練兵場における天皇皇后の御閲兵に際して、馬車に陪乗の奉仕をされる。

明治二十八年（一八九五） 三月には、皇后より、八十歳の賀を祝う歌を賜る。

寄松祝

さかえゆく　老木の松はわか松の　千とせの末もみるへかりけり

（『山階宮三代』明治二十八年三月十六日条）

明治三十年（一八九七） 四月、天皇皇后が英照皇太后（明治天皇のご嫡母）陵御参拝のため京都へ行幸啓された際に、親王は天皇に京都御滞在中の御慰として、向陽会会員詠進の和歌短冊を進献されている。

明治三十一年(一八九八)　一月中旬より親王の病気が重く重態となられた報を聞かれた天皇は、お見舞いの品を贈られ、侍医高階経本を京都に向かわせた。さらに天皇は、御信頼厚いドクトル・ベルツを京都に派遣させ、診察に当たらせている。

ベルツは来日時、毎日日記をつけていた。天皇からの信頼も厚く、皇族方の診療も数多くしており、その感想なども述べていて、岩波文庫から『ベルツの日記』として出版されている。ところが、残念なことに出版に至る過程で、明治二十九年から三十二年までが古本屋に売り飛ばされてしまったとかで、一番興味のある明治三十一年の日記は欠落していて読むことができない。

しかし、『京都日出新聞』明治三十一年三月一日付「山階晃親王殿下の御事歴」十一に、ベルツ氏が親王を診察した時の感想が載っていた。

元来殿下は至極完全の御体格にて頗る御壮健に渡らせられ御病中ベルツ氏は殿下を拝診申し上げたる。後人に語りて、予は之まで日本人の幾千百人を診察したるも殿下のごとき御完全の体格は稀に見る処にして真に大和人種の好評本なりと賛称し奉まりたる程なる。

この御事歴は、全体的にかなりオーバーに書かれてはいるのだが、折り紙つきの丈夫な御体で、長寿を全うされたことがわかる一文である。

二月十六日、天皇はさらに、宮中顧問官兼軍医総督橋本綱常を派遣して診察させているが、親王は危篤となられ薨去《こうきょ》された。天皇皇后は薨去を哀悼され弔問使を派遣、葬儀のための資金を下賜（天皇より金八千円、皇后より二千円、皇太子より七百円）され、五日間の宮中喪を仰せ出だされている。

また、親王の遺言書が見つかり、葬儀の仕方を心配なさった天皇は、自ら枢密院にはかっておられる。

さらに二月二十一日、天皇は晃親王が国事に尽くされた勲功を追録し、特旨をもって金一万五千円を菊麿王に賜った。

このように明治天皇と親王の関係を見ていくと、親子あるいは祖父と孫との関係のような、情の深さを感じ取ることができる。まさにそんなお気持ちを、お互いに抱いておられたのではないかと想像できる。

十二、住まい

日彰小学校の表門

ここまでは、晃親王のご誕生から政治の表舞台で御活躍の様子などを、年を追って述べてきた。ここで少し視点を変えて、日々の生活のことなど、私的な側面に目を向けてみたい。まず、晃親王がどのようなところに住んでおられたかを追ってみることとする。

晃親王は東寺での長い御謹慎の後、しばらくは勧修寺の院家の慈尊院に戻られ、住まいとされた。

還俗し宮家を設立された際には京都で閑院宮邸を拝借して住み始められたのだが、そこはほどなく禁門の変が起きて焼失してしまう。あちこちを転々とされた後、元治元年（一八六四）八月に幕府が献上した丹後宮津藩主本荘宗秀の三本木邸（西川端荒神口下ル）に移られる。その後、短期間だが

日彰小学校の講堂

朝廷の命で、聖護院御殿や中宮御下り御殿などへお引っ越しされているが、また三本木邸に戻られ、明治五年に東京へ移り住む直前までおられた。

この三本木邸は東京へ移住される直前に売却され、移築されて下京第四番組小学校であった日彰小学校の塀・門・校舎として利用された。

平成五年（一九九三）三月二十五日に日彰小学校が閉校となり、その際に発行された『閉校記念誌』の中の「日彰小学校の概要」と「日彰小学校一二四年の歩み」によると、「学校が創設されておよそ二年半後の明治五年（一八七二）三月、学童が増加して手狭になったために和久屋町内にあった元松山藩邸の土地を購入し、西川端荒神口下ルにあった元山階宮別邸の建物百七十二坪を移して建設した」とある。なお、校名が日彰小学校とされる前に、短期間だが階松小学校と呼ばれていた時期があった。これは、山階宮邸の階と松山藩の松を取って名付けられたそうである。

唐獅子の杉戸（『日彰百年誌』より）

門や塀、講堂の写真が残されているが、講堂は宮家の書院がそのまま使われている。床の間があり杉戸絵が描かれた戸も付いたままになっており、小学校とは思えないような豪華さで、日彰御殿と呼ばれていたそうである。

また明治十九年（一八八六）の小学校令で裁縫専科が廃止となり、裁縫専科の先生は、代わりに風琴（オルガン）による唱歌指導の講習を受け、歌唱指導を始めることとなった。しかし風琴は高くて容易に手に入らなかったので、山階宮邸購入時の杉戸類を売却して、その代金で明治二十年（一八八七）にドイツ製の風琴を一台購入したとのエピソードも書かれている。その杉戸絵の一部は、石清水八幡宮に行ったらしい。なお、京都市学校歴史博物館学芸員の和崎光太郎氏のお話だと、風琴購入は京都では生祥《せいしょう》小学校に次いで二番目の早さだったそうである。

この学校はさらに建て替えられ、建物は空也寺や金戒光明寺などの寺に分散されて移されたそうだ。金戒光明寺の現在の新清和殿は日彰小学校の建物であったことは寺の執事さんの話でわかったのだが、それが山階宮邸から移ってきたものかどうかまではっきりしなかった。

古い建物がどのように移築されていったかを探ることは、あまり伝えられておらず難しいのであるが、もしかしたらこれは宮家の建物だったかもしれないと想像しながら見ると、また楽しみが増えるように思う。

明治十年（一八七七）の御隠居の後、東京の麹町区富士見町には菊麿王が住まわれる山階宮本邸があり、親王はしばらく愛宕《おたぎ》郡高野河原新田村の新田別邸で仮住まいされた。明治十年十一月二十六日より御殿として土手町夷川上るの木戸孝允邸（旧近衛邸河原御殿）だったところに移られ、明治十八年（一八八五）まで住まわれる。その後、聖護院御殿に明治二十七年（一八九四）までおられて、明治二十七年十二月十三日に引っ越された丸太町川端の別邸が終焉の地となられた。

丸太町川端の別邸は元近衛邸の桜木御殿であって、小松宮邸になり、その後に山階宮別邸として使われた。

『新撰京都叢書』巻四「旧都巡遊記稿」（六八頁）に桜木御殿として、「熊野社の北にありて旧と近衛殿の別邸にして安政年間島津家より造進せし所なり。今山階宮の御住居にして殿舎は東北に面し階上は正東に大文字山を見其眺望佳絶なり。庭園は清泉を漾《ただよ》はせ松桜を交え実に韵《いん》致《ち》あり」と紹介されている。

宮の薨去後に天理教が買い取り、河原町教会として今現在も広い屋敷の面影を残している。建物は昭和六十年（一九八五）まで残っていたそうである。そしてさらにその一部の書院、玄関、茶室が移築されて、現在は愛知県の西尾市歴史公園（西尾城）に旧近衛邸として一般公開されており、茶室は貸し出しもされている。明治の建物がこうしてずっと受け継がれて、今も役に立っていることに感激を覚える。

天理教河原町教会の教務部の永尾氏が『天理教河原町教会史』（一）を見せてくださり、宮邸を買い取ったいきさつが書かれた部分をコピーしてくださったので紹介する。永尾氏は、昭和六十年の神殿改築前からここにおられて、まだ宮邸の建物があったことも覚えておられた。

移転の土地であるが、当初の予定にあがっていた角倉邸跡のほかにも話はあったのであるが、この方はうまくいかず改めて角倉邸の話を進め、八月二九日、所有者の田中市兵衛氏に対して金六万円を以て買収を申し出た。ところがその後、宮家に出入りを許されていたという林源四郎氏が「丸太町にある旧山階宮別邸が土地、建物共五万円で払い下げてもらえる」と知らせに来てくれた。価格も一万円安く、しかも由緒あるお屋敷であるという条件から、再び協議会を開くことになった。

ここは当時「桜木御殿」と呼ばれ、もと左大臣近衛忠房の住居で、近衛家と姻戚関係にある島津家によって建てられたものといわれている。維新期には一時迎賓館としての役割もつとめたようで、木戸孝允や伊藤博文らも泊まったとされている。その後、小松宮の別邸だった時期を経て、山階宮晃親王の屋敷となっていたが、明治三十一年親王の死亡後、払い下げたいという意向であった。

（『天理教河原町教会史』（一）三八一頁）

さらに、そのページには小松宮別邸全図として写真が載っており、建物の奥にはかなり広い庭があった様子がわかる。

また西尾市歴史公園のホームページには、旧近衛邸と題して建物の外観、書院内部、茶室の写真が詳しく載っている。さらに「名古屋茶道大鑑　旧近衛邸」というウェブサイトに書かれている文章の一部を抜粋する（最終閲覧日二〇一五年五月二十二日）。

平成七年、西尾市歴史公園（西尾城）に近衛家の邸の一部が移築された。西尾市という三河の一地方都市と五摂家筆頭の最上級貴族の家名はあまりにも接点を見出し難く、思わず「コノエケ?」と聞き直してしまいそうだが、紛れもなくあの近衛家の屋敷である。ただ近衛家の屋敷とはいえ、非常に簡素な数寄屋棟と茶室棟があるのみ。それでも江戸後期、隅州島津家によって近衛忠房邸内に建てられて後、小松宮彰仁親王別邸、更に山階宮晃親王別邸として使用された輝かしい遍歴を持つ。(中略)

そののちにこの邸を手に入れた小松宮彰仁親王は、皇族にしては珍しく茶道を嗜《たしな》んだ人である。(中略)

山階宮晃親王も、茶道を深く嗜んだということは聞かないが、維新後の茶道復興に力を尽くしたという。

宮家の手を離れたのち、天理教京都河原町大教会の所有となり、昭和六十年に神殿改築に伴い解体、西尾市に移築された。

京都の新田村(高野河原)には御別邸があり、時々立ち寄られている。当時は御所や皇族の邸宅では今でいう一般公開のような日が設けられており、その日は無礼講で近所の人たちが自由に邸内に入れたようだ。

親王も新田の御別邸で三月末に邸の鎮守稲荷祠の初午《はつうま》神事を、十一月には御火焚《ひたき》神事を執り行なわれ、その際には邸内に誰でも入れ、村の子どもたちにお菓子、まんじゅう、みかんなどを振る舞われた。この行事は毎年途切れることなく行われた。

十三、伝統芸能等の復興にご尽力

茶　道

明治維新後、晃親王は当時欧米文化の流入で衰えていた茶道の復興を願われ、自邸の茶室にて定日の茶会を開かれた。明治三年（一八七〇）一月五日に茶事始めをされ、この時期から亡くなるまでずっと定日の茶会を行っておられた。

幅広い階層からの参加者を見、大体二十人前後、席はくじ引きで決め、決して派手ではなく、清水焼や素焼きの茶碗に聖護院八ッ橋や長五郎餅などを菓子として使う、気軽な茶の会であった。長五郎餅の由緒書きには、山階宮にご愛顧賜ったと書かれている。妹で瑞龍寺門跡の村雲日栄尼も茶の復興に賛同され、協力を惜しまれなかったという（『近代皇室と仏教』）。

そのお茶会の参加者名簿には、平成二十五年（二〇一三）度のNHK大河ドラマの主人公であった新島八重の名前もあり、お茶を通して交流があったことがわかる。

親王は、十七歳から茶の稽古を始められ、明治三年の頃は深津宗味が、明治六年からは表

一行書
「清神茗一杯」
（小川後楽堂 蔵）

千家宗匠益田道策がお相手を務めている。

　千家を始め、煎茶道の小川家とも接点がおありだったようだ。平成二十二年（二〇一〇）の小川流煎茶の初煮会では、家元嗣に小川可楽若宗匠が就いたので、気持ちを新たに晃親王の「清神茗一杯」の軸を掲げたとの記事が、京都新聞（一月七日付）に載ったことからもわかる。小川後楽師匠に詳しいいきさつを伺ったのだが、軸が残されているだけで、どのような交流があったかまでは、明治のことでご存じないようだった。

　ちょうど京都新聞に後楽師匠が小川可進のことを時代を追って書いておられ、平成二十四年（二〇一二）六月四日付の記事「清風の茶四三」にこの軸の写真が大きく出た。「可進の茶に心を寄せた山階宮晃親王の一行書」として紹介されている。

　記事によると煎茶道を興した小川可進の子である其楽は、さらにその道を発展させ、時の政治家や公家、武家らと幅広い交流があったようで、その時に親王との交流も生まれたようだ。

お茶といえば、老舗の一つである「一保堂」の名付けの親も晃親王である。近江屋という屋号で商売をしていた当主が、幅広く商売するかどうか悩んでいた頃、宮に相談すると「お茶一筋に商いを保つように」とのアドバイスを受け、「一保堂」の名を賜ったという。

この話も、私の家族が晃親王について語る逸話の一つとして、母より小さい頃に聞いたことがある。

昭和六十一年（一九八六）六月二十七日の京都新聞の記事「しにせ・経営」というコラムで、一保堂前社長の渡辺正夫氏が、「弘化三年に山階宮家から屋号を賜った」と書いている。弘化三年（一八四六）といえば、宮がまだ三十一歳で東寺に謹慎中の頃である。謹慎中の宮がどのような人と交流されていたのかほとんど記録がないので、この記事は注目に値する。一保堂の御主人は、閉ざされた生活の中で宮の話し相手の一人だったのだろう。

一保堂さんとはその後も長いこと交流があったようで、祖父の家にはいつも、今でも変わらないオレンジ色のラベルの一保堂さんの茶の缶があったのをよく覚えている。

茶道とは直接関係はないのだが、「一保堂」の他にも親王が社名を付けた例があったので、ここで紹介したい。

平成二十六年（二〇一四）五月二十二日付の京都新聞「社名＆ロゴ物語」の記事から、清水焼を商う「朝日堂」も、社名が山階宮の御言葉から付いたことがわかった。創業者で現会長の浅井國勝氏の祖父である國順氏が、山階宮から「東山より昇る朝日のように栄えよ」と「朝日」の屋号を授かり社名にしたとのこと。そのことについての書き物などが残っているわけではないが、代々言い伝えられてきたと國勝氏がお話しくださった。

浅井家は代々閑院宮に仕えておられ、國順氏が清水焼の窯元の御嬢さんを娶られたことで陶器の商いを始められたそうだ。閑院宮家は五代目の愛仁《なるひと》親王に後継ぎがなく、晃親王の弟である載仁《ことひと》親王が養子として閑院宮家へ入って六代目になられており、その関係で國順氏と晃親王の接点が生まれたのではないかと考えられる。

たまたま晃親王が名付けられた二軒の京都の老舗が、現在も大きく栄えて商売を続けておられることは、大変喜ばしいことと思う。

歌道

歌道の復興を願う明治天皇の意向(『明治天皇紀』明治二十一年四月条)を受け、晃親王は、京都の華族間における歌道の奨励振興をはかるために成立された団体・向陽会の初代会長となられる。この会は毎月、桂宮邸にて歌会を行った。向陽会は、現在も下冷泉家の御当主を長に綿々と続いている。

また親王は、近畿の歌人の組織した邦光社の総裁にも就任。歌会に出席し、毎年十円の寄付もされている。

晃親王は、自ら詠歌を日々の楽しみとされてたくさんの歌を吟じ、定日の歌会を自邸でも開かれていた。晃親王の歌集『嘯月』については四十六〜四十七頁でもふれたが、その序にあるように、詠じたものは花鳥風月ばかりで、政界の中心にいた時のご心情などを歌われたものは一つも見つからず、どうやら政界を退いた時に他の書類とともに焼却処分されたということらしい(『嘯月』菊麿王文より)。

その中に一首、勤皇の心を詠われたものがあり、紹介されている。

大君の　めぐみの露のかからすは　菊のしるしも　色にいてめや

この歌は、山階宮が薨去されたことを告げた『京都日出新聞』明治三十一年(一八九八)二月二十八日付の記事にも大きく取り上げられている。幼少の頃から歌の道の指導を受けてはおられたが、本格的に習われたのは、慶応元年(一八六五)正月に宮中和歌御人数を仰せ付けられ、近衛忠熙に入門されてからのようだ。

能　楽

当時、能楽もかなり衰退しており、その振興を願い、明治二十九年（一八九六）七月一日に能楽会が設立され、晃親王がその総裁に推挙されて就任されている。このとき成立した能楽会に関する詳しい記録がないので活動などの詳細はわからないが、第二次大戦後の昭和二十年（一九四五）に能楽協会が設立され、現在まで続いている。今は公益社団法人となり、各流派の能楽師が会員となり普及活動などに努めている。そこのホームページ（最終閲覧日二〇一五年五月七日）の「能学事典」に、能楽の歴史が書かれており、「近代の能楽」という項目に明治時代のことが述べられている。

明治維新によって保護者を失った能役者の多くは廃業、転業を余儀なくされ、ワキ方や囃子《はやし》方、狂言方には断絶した流儀もありました。しかし、外国の芸術保護政策の影響を受けて、国家の伝統芸術の必要性を痛感した政府や皇室、華族、新興財閥の後援などによって、能楽は息を吹き返したのです。

ここにあるように、晃親王は早くから伝統芸能の衰退を憂い、復興の援助に強い意識を持って行動に移した皇族のお一人といえるだろう。

漢詩

晃親王は漢詩も好まれ、東寺から戻って間もなく、儒者の梶村某、岡村熊吉らの進講を受けられている。

漢詩の作品の一つが、生麦事件参考館（横浜市・生麦在住の浅海氏が事件の風化を恐れて私費で作った記念館）の庭に石碑になって残っている。島津久光公を偲んで読まれたものだそうだが、「漢詩に心得のある人の談によると、英気と英国を掛けており漢詩に長けた作品であるとの評価を得ている」（浅海氏談）とのことだ。

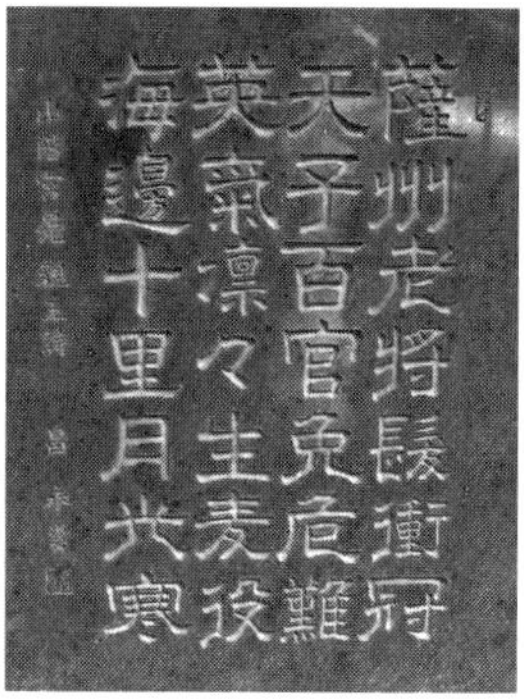

生麦事件を詠った漢詩の石碑

生麦事件詩

薩州老将髮衝冠　天子百官免危難
英気凛凛生麦役　海辺十里月光寒

薩州の老将　髮　冠を衝き
天子　百官　危難をまぬがる
英気凛凛　生麦の役
海辺十里　月光寒し

勧修寺の氷室池 正面の中ノ島の樹木の裏に石碑がある

また勧修寺庭園の氷室池のことを漢文で書き残されており、氷室池の中ノ島（現在は渡ることはできないが、以前は船で渡っていたという）の石碑に残っている。親王の漢文の作品で残っているものは数少ないので、ちょっと長文になるが次に紹介したいと思う。

勧修寺は親王にとって大変思い入れのある寺であり、舞鶴亭と名づけられた茶室なども寄贈されている。茶室は、残念ながら老朽化したため昭和末年に解体され現在は残っていないのだが、庭園入口を入って左側に、茶室があった跡や蹲踞《つくばい》、待合の一部が残っており、偲ぶことができる。

修氷池園記

氷池園在勧修寺内、氷池延喜式所載、古有主水司献氷之事、其境旧東至蘆尾山、西及鍋岡、南抵山岸、北距山道、及豊臣氏改築道路、壊山填池、池境為之縮小、遂為今園、園有十五勝、曰仙人石、曰緑鴨洲、曰集仙島、曰苔衣橋、曰木欄橋、曰蓬壺島、曰渡猿橋、曰忘帰亭、曰白花渚、曰天女峰、曰翠微瀑、曰洗手橋、曰詠帰橋、曰月桂石、曰臥牛石、女峰則祠風神、仙島則祠水神、二神亦皆載於延喜式、盖勧修寺　勅願之所也、又嘗行　勅会、其号為門跡者旧矣、自延喜創建数百年間荘厳依然、文明中為兵豕所燬、堂宇之属蕩為灰燼、幸有勧修寺古事及拾遺灰集録拾燼集古記抜萃諸書在焉、及寛海為長吏永愿為別当、法流復振、済深親王為勧門中興、潤海僧正為慈尊院中興、雷沢祖音建観音堂、尭甫上人建毘沙門堂、及維新之後頗就衰荒野山、僧光明院敝順者覩而傷之、遂来住鎮修仏道、旁近士民往々有発浄心者、後敝順去而寺復荒矣、余於此寺有旧誼、乃謀於別当桜井能監、家令小藤孝行命修理之、遂逮氷池園略復旧観、因記修園之由及勧門興衰之概、刻石建園中、勧修寺執事桂真梁及牧定固、香川景之、中舘熊吉、二松惟忠、永田重威、中村弥助等於修理之事亦与有力焉云

明治廿二年十二月

大勲位晃親王撰幷書

（『宇治郡名勝誌』より　※一部の字を近代の字体に改変）

この文章を書き下したものが、平凡社から出版された『史料 京都の歴史』第十一巻「山科区」に出ているのだが、概略すると、晃親王はまずこの寺と池の由来を延喜の時代にさかのぼって述べ、池周辺の十五勝といわれた見どころを紹介、その後の寺の盛衰を順に述べ、最後に氷室池が修復できたことを記念してその修復に功績があった人々の名前を挙げられている。

勧修寺の池の際には、今もこの十五勝を紹介した立札があり、そう思って見てみるとわかるが、現在はかなり荒廃してしまっており、一部が確認できるのみである。

晃親王は、茶道、歌道、そして能楽の復興のみならず、廃仏毀釈による寺の衰えを憂い、古史跡などの修復保全にも力を注がれている。

扁額などへの揮毫

晃親王は、あちこちの寺社仏閣からの揮毫依頼を引き受けたり、寄付寄進などを積極的に行い、古史跡の修復保全に多くの力を注がれた。特に、明治二十年（一八八七）頃より三十年までの十年間には、数多くの依頼を受けて、精力的に次々と揮毫されている（口絵参照）。『東寺観智院の歴史と美術』によれば、「晃親王は大師流書の第一人者とされ揮毫を頼む者は後を絶たなかった」という状態だったらしい。

親王の書は、東寺・観智院茶室（一六二頁参照）や、大津の天孫神社（口絵および一六三頁参照）

に見られるような、ひょろひょろとした独特の字体で書かれているものもあり、弘法大師の書いていた字体とも通じるものがあるように思う。御謹慎中にかなり、弘法大師の書を勉強されたものと思われる。

記録をもとにして、現在も揮毫されたものが残っているどうか、また由来やどのように伝承されているか調べてみた。その結果、現存すると確認が取れたものを次に書き出してみる(順不同)。

①神泉苑(京都市中京区)鳥居の扁額

京都新聞に掲載された記事(平成十七年七月十九日付、街の漢字抄・泉)より晃親王の筆とわかった。御池通りに面した鳥居の額字で、「神泉苑」と書かれている。寺務所に問い合わせたところ明治時代のものであるとの認識はお持ちであったが、詳しい由来などはわからないとのことだった。神泉苑は、もとは朝廷の禁足地であり、広大な敷地を有していた。現在は真言宗の寺となっている。そのような由来があるので揮毫されたのではないかと想像している。

②五条天神社(京都市下京区)本殿の扁額(口絵参照)

「明治二十一年四月三日、国分定胤の請にて書く」との記載が『山階宮三代』にある。国分定胤（文友）は、晃親王に側近として仕えるとともに、「晃親王三相像」（口絵参照）などを描いた画家でもあった（二二二頁参照）。額は現存するが、神社には特に由来などは伝わってはいない。「五條天神」の文字の横に「二品大勲位晃親王」とある。

③ 末慶寺（京都市下京区）本堂の扁額

「明治二十一年二月九日、住職和田準然の請にて寺号を書く」（『京都日出新聞』御事歴二）との記載がある。現在も本堂にきれいな状態で保存されており、前ご住職の奥様がおろして掃除をしたこともあるそうで、大切に保存していることや、現ご住職も和田氏の血を引いておられるとのことをお話しくださった。

③「末慶寺」
（末慶寺蔵）

④ 阿弥陀寺（京都市上京区）本堂の扁額（口絵参照）

「阿弥陀寺」と書かれており、大切に保存されている。十五章の「ご妻子」のところで述べるが、この寺は親王の侍女で実質的に妻の役割をしていた中川藤子の実家の檀家寺であり、親王もよく参拝をしておられ、延命地蔵も奉納されるぐらい関係の深い寺である。この延命地蔵尊は現在も本堂に安置されており、元ご住職の奥様がわざわざ出してきて見せてくださった。箱に収められていて、箱の裏には晃親王直筆の願文などが書かれていた(一九一頁参照)。

⑤東寺観智院(京都市南区)**茶室の額**

茶室の名を楓泉観といい、本席床の間にかけられた「楓泉観」の額字は、明治二十六年(一八九三)に晃親王が揮毫されたもの。親王の和歌「法の師の　千歳の秋ももみぢ葉の　うつる泉を汲みて住けん」から名づけられたといわれている(『東寺観智院の歴史と美術』より)。

⑤「楓泉観」(東寺蔵)

⑥檀王法林寺(京都市左京区)**楼門の扁額**(口絵参照)

楼門の北側には檀王法林寺の前身の寺院、悟真寺の「望西楼」の額、南には山号である「朝陽山」の額があって、どちらも親王筆である。

この楼門は、檀王法林寺中興の祖と言われている二十二世譲誉玄亮《じょうよげんりょう》が、明治二十一年(一八八八)に造っている。寺が荒れた時期に住職となり、精力的に復興に力を推し進めたことがわかっているが、その際に晃親王に揮毫を頼んだのだろう。

⑦ 本殿の**「天孫宮」**（天孫神社 蔵）

⑨**「降魔場」**
（高野山・不動院 蔵）

筆者の家から近い身近な寺でありながら、楼門の扁額が晃親王の書とは全く知らず、檀王法林寺に詳しい研究者の友人（河本俊子氏）より、平成二十三年（二〇一一）、開創四百年を記念し出版された『檀王法林寺』という本に載っていることをご教示いただいた。

⑦天孫神社（滋賀県大津市）**鳥居**（口絵参照）**と本殿の扁額**

大津祭で有名な天孫神社の鳥居と本殿の額字は、たまたまウェブサイトで見つけ、親王筆であることがわかった。

⑧勧修寺（京都市山科区）**表玄関と明正殿の扁額**（口絵参照）

表玄関の「勧修寺」の額や、明正天皇御殿の「明正殿」の額はきれいな色彩を保って掲げられている。そのほか、晃親王の筆やゆかりのものが数多く残されている。

⑨高野山・不動院本堂（和歌山県高野町）**写経場の額**

「山階別院」「降魔場」の額。高野山の不動院は、山階宮と特別の関係があったところで、後章にて述べる（二二〇頁参照）。

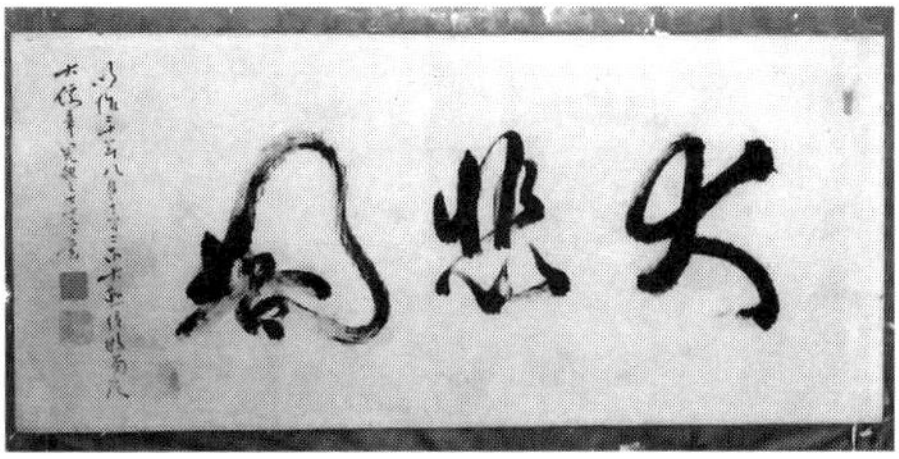

⑩「大悲閣」（峰定寺蔵）

⑩峰定寺（京都市左京区）大悲閣の額

晃親王は明治二十年（一八八七）八月三日、峰定寺に行ってそこへ一泊されて参拝。後日、「大悲閣」の額字と歌二首を贈られている。その額字が現在の受付奥の応接室に額に入れて飾ってあり、ご住職の奥様が特別に見せてくださった。それをもとに額を作り本堂内にも掲げてあるとのお話だった。

⑪新善光寺（京都市東山区）本堂と方丈の額

この寺については十八章で詳しく述べるが、現存する額字が二つある。一つは本堂に掲げられている阿弥陀如来を表す「極楽教主」の額字で、明治三十年三月に書かれている。もう一つは方丈の「法□宮」の三文字の額字で、明治二十八年一月十六日の日付がある（真ん中の字の読みはお寺にも伝わっていないが、前住職の奥様のお話では「學」ではないかとのこと）。その日、晃親王は新善光寺に出向いておられ、御堂と御生母の北大路壽子と山科重子の塔に新年

⑪**「極楽教主」**（新善光寺蔵）

⑪**「法界宮」**（新善光寺蔵）

の参拝をされているので、その際に書を贈られたと考えられる。

　この書の読みについて、京都アスニーで古文書の講座を担当されている藤本・万波両先生にお尋ねしたところ、素晴らしい回答をいただいた。真言密教の曼荼羅に法界宮という大日如来のおられる浄土があるそうで、晃親王が真言宗の僧侶であったことを考えてもその読みで間違いないとのことだった。字だけを見ていると、「豊」や「學」にも見え、「界」とはなかなか読めないが、意味から考えるとまさに真言宗のお寺にふさわしい書であった。

⑫日吉神社（滋賀県長浜市国友町）**鳥居の扁額**（口絵参照）

「日吉神社」の神額。明治十一年九月二十日に揮毫とあり、滋賀県神社庁のホームページにも同様の記載がある（最終閲覧日 二〇一四年十一月二十五日）。また、社宝として『近江国坂田郡志』第五巻第三編の中に、

一、紙本墨書山階宮晃親王御筆社号御額字　竪四尺二寸六分　横一尺　一幅

と書かれており、現地へ出向いて調べたのだが、この紙本はもう残っていないそうだ。額は何度か新しくしているが字体はそのままにして引き継いでいると、この地の古老で、この神社が大正時代に郷社になった時に、宮司が必要と招かれた岡田さんという方の御子孫（ご自身も数十年前に宮司をなさっておられた）からお話を伺うことができた。国友町には鉄砲資料館があり、そこでこの地のことに詳しい年配の方が健在のうちに昔のことを書き残しておきたいと、勉強会を始められたばかりだそうだ。どういういきさつで晃親王に書いていただけたのか知りたいと思っているとのことであった。

⑬善光寺（長野県長野市）光明閣の扁額

「光明閣」の額字を明治二十一年一月十八日に揮毫、善光寺に進呈されたとある。当時、山階宮の妹の久我誓圓尼が住職をしておられ、その依頼で書かれたとのこと。光明閣に飾られている。

⑭善通寺（香川県善通寺市）御影堂の扁額

『山階宮三代』明治二十二年六月三日条には、四国旅行へ出向かれて善通寺に立ち寄り、そこで揮毫されたと記されているが、宝物館の方のお話だと日にちが明治二十三年になっているそうだ。額は西側の境内にある御影堂の正面に掲げられ、「屏風浦誕生所」と書かれている。善通寺は弘法大師空海生誕の地である。もとは三幅対の縦書きの軸で、宝物館に保管されているそうだ。

『山階宮三代』の記載には、そのほかに額字を贈ったところとして、能登七尾・光徳寺（明治十二年）、能登松波・松岡寺《しょうこうじ》（同十三年）、滋賀・南小松八幡神社（同十九年）、岡山・連台寺（同二十二年）、山科神社（同二十三年）、滋賀新堂村・若宮神社（同二十四年）、雄琴・那波加神社（同二十八年）、神戸・真光寺（同二十八年）、島根・鰐淵寺（同二十九年）、滋賀・延暦寺（同二十九年）、妙法院（同二十九年）、清涼寺（同三十年）がある。

　このうち、松岡寺は三十年以上も前に火災で焼失したが、それまで座敷に晃親王筆の額があったのをご住職は記憶されているというお話だった。また真光寺は、第二次世界大戦の空襲ですべて焼け、何も残っていないとのことだった。さらに延暦寺は、資料室の学芸員の方が調べてくださったが、「小松宮のものはあったが山階宮のものはなかった。広いので資料室以外のものは把握できない」とのお話だった。一方、清凉寺については、『山階宮三代』に「楼門額字」と記載されている。現在、清凉寺の楼門には「五臺山」の額が掲げてある。これが晃親王の筆によるものかどうか知りたかったが、お寺の方に聞いてもわからなかった。

また、『本願寺誌要』には、本願寺山科別院・茶室陽秋亭に晃親王が額字を贈られたことが書かれているが、茶室は消失しており、額も行方不明である。

なお、四章で紹介した羽倉敬尚氏の文章中（三十九頁参照）に、次のような記載がある。

「澄心」（長福寺蔵）

昭和二十年京都桂、長福尼寺（真言宗）に茶室が新築された時、私は土橋・熊谷矢代氏等と謀り宮の親筆「澄心」の木額を作り納めた。その板材は宮に縁深い山科勧修寺の浄材を譲り受け猶ほ別に木額を作り拙文で宮の茶道復興の陰功を記して納めておいた。

ここにある長福尼寺とは、京都市左京区西京極にある真言宗泉涌寺派の密乗山長福寺のことで、皇室とご縁が深い尼寺である。数年前にご住職が亡くなられて現在は無住となっている。ここを管理される東向観音寺に問い合わせると、上村ご住職が確認に出向いて撮影してくださり、「澄心」の額写真をここに掲載することができた。心から御礼を申し上げたい。

なお、これ以外に、晃親王が色紙とか讃だとか歌など書かれたものは数知れずある。出向いたり電話で寺社に尋ねた結果、親切に調べてくださったりしたが、代替わりしたり伝わっていなかったりで、現存の確認ができないところが多かった。

その一方、確認できたものの中には、『山階宮三代』の記載にはないものもあり、まだまだ身近に親王の書があるかもしれないと思う。明治のことで埋もれてしまわないうちに、皆様からの情報が寄せられればありがたく思う。

晃親王は、日々の寺社巡りのあとの午後の時間を、依頼のあった揮毫に当てられており、その間は屋敷で物音を立てないように静かにしていないと、音がしたので墨が飛んで失敗したとかで御機嫌を損ねられることもあり、皆が気を使ったとのエピソードが残っている。

また墨をするのは侍女の仕事だったが、それがとても大変だったとの談話もある（『近代皇族の記憶』）。

石碑への篆刻《てんこく》

①長岡京の大極殿跡の石碑（京都府向日市《むこう》）

明治二十年代後半より平安京の歴史に対する関心が高まり、奠都千百年の紀念式が行なわれ、奠都紀念祭協賛会は長岡京城遺跡記念碑の建立にも補助金を寄付している（『図説京都府の歴史』）。その記念碑の揮毫も親王のものだ。

それは、向日市の大極殿跡地にある三メートル近くありそうな細長い石碑で、「長岡宮城大極殿遺址」と書かれてあり、明治二十八年十月十九日に建碑式が行われた。『京都日出新聞』明治二十八年（一八九五）十月二十日付の記事に、「同碑は一丈余にて台石を三段にし山階宮晃親王殿下が長岡宮城大極殿遺址の九文字を揮毫あらせしを彫刻したるものなりといふ」と書かれている。

①長岡京大極殿跡の石碑

②坂上田村麻呂墓の石碑（京都市山科区）

これも明治二十八年の平安奠都千百年紀念祭の時に整備されて、現在もその姿をとどめている。「贈従弐位阪上将軍之墓」という篆額が親王の書である。椥辻《なぎつじ》にある。

③近江大津宮の石碑（滋賀県大津市）

明治二十八年に大津町長が有志を募り、志賀宮とも呼ばれた大津宮の跡碑を建立した。今の錦織遺跡に当たり、大きな石碑の題字「志賀宮址」が親王の篆額である。

④八瀬天満宮の敷地裏にある石碑（京都市左京区）

「御所谷碑」の篆額。明治二十六年（一八九三）八月に八瀬の村民が建立している。これは、後醍醐天皇が足利尊氏の軍勢を避けて八瀬の坂から比叡山に上った時に、八瀬の村民が天皇を助けたことを記念し、記録にとどめておこうと作ったものである。

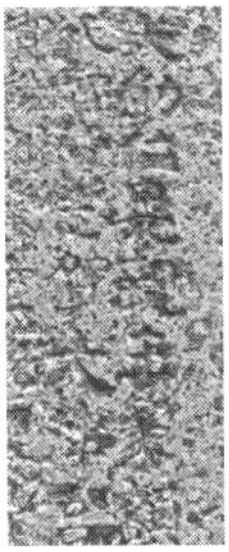

③「志賀宮址」（著者撮影）

⑤源融碑《みなもとのとおる》（京都市右京区）

嵯峨清涼寺の境内には、源融の墓と伝わる宝篋印塔《ほうきょういん》があり、石塔の横に石碑がある。平戸藩主松浦家の始祖は源融と言い伝えられており、明治時代の当主松浦詮《あきら》公が碑文を書いている。その題額「追遠」が親王の篆字である。

松浦詮公と晃親王は茶の湯でのつながりがあったようで、詮公が晃親王を自邸の茶会に何回か招いている記録がある。そんな交流の中で、揮毫の依頼をしたのではないかと思われる。実はこの石碑を前にして、私はとても驚いた。私事で申し訳ないのだが、私の母は晃親王の曾孫、私の父は松浦詮の曾孫なのである。交流のあった二人の子孫が後に結婚することになり、私が生まれるのだから、運命とはほんとうに不思議である。

⑥笠原白翁の碑（福井市）

笠原白翁は福井の医家で、その顕彰碑の題字を安藤精軒の請により明治二十七年（一八九四）三月十一日に書いておられる。歴ナビ福井のホームページにある笠原白翁の顕彰碑の写真から、町づくり協会に問い合わせたところ、間違いないことがわかった（最終閲覧日二〇一四年十一月二十六日）。福井市自然博物館の西隣にあるそうだ。

その他、『山階宮三代』の明治二十一年十二月十七日の条に「漢学者草場船山の紀念碑建立につき篆額を染筆賜与」の記載があるが、場所まで書いていないのでどこにあるのかわからない。また、明治二十九年（一八九六）一月二十三日の条には「河内国若江郡八尾村光明寺住職藤本龍現外十箇寺住職の請により、同地に建設の征清紀念碑の篆額を御染筆あり」とある。現在八尾市内には光明寺が三軒あり、問い合わせたが、紀念碑の存在はわからなかった。現在、八尾市文化財課に調べてもらっているところである。さらに、『新撰京都叢書』巻三には、神足神社（乙訓郡）の本殿の南にある石鳥居の立て札は、晃親王筆と書かれているが、現在も石鳥居はあるものの立て札はない。神社や観光協会に問い合わせたがわからなかった。

晃親王は、自ら参拝されることにより、その寺社の宣伝効果が上がるような影響力も考えられたようで、明治三十年（一八九七）五月には高齢（八十二歳）をおして愛宕山に登り神社に詣で復興に力添えをされたり、清閑寺が荒れていると聞き及ぶと、訪れて寄付をされたりしている（『京都日出新聞』山階宮晃親王殿下の御事暦十四）。

明治三十一年三月五日の記事に、次のように書かれている。

殿下には夙に古社寺保存に御心を注がせられ、夫々御助力ありしこと少なからざりしが、近頃京都鎮護の乾嶽《けんがく》愛宕神社の衰微を歎かせられしに昨年五月京都鉄道の京都嵯峨間開通となり、之と同時に祠掌も維新の際国家に功労ありし山本復一《またいち》氏就職して風致の荒廃に就しも、夫々回復の途につきたるを聞召して、大に喜こばせられ、今年六月八十二の御高齢を厭わせられず、険峻なる同山に御登挙ありて同神社に詣でさせられ、為に同神社の荒衰を挽回するに御力を添え玉ひしは、今に社人の感銘する処なりと、又歌の中山は幽閑なる山中にて人跡いと稀なれば、維新来住職もなく荒たきまゝに荒れて、果は草賊の棲宅《すみか》とさえなりしを、京都の有志者は大に驚き、旧観に復せんと計りて内務省に出願したるに、同省よりは三百円の修繕費を下賜あり、之を基礎として市参事会よりも補助したるを、殿下には喜こばせられ若干の御寄附あり、追々に歌の中山の名を復し歌道の興らんことを望ませらるゝより、松風会という歌会を結び時々新築の書院にて歌人の集会することとなりしかば、殿下には愛宕の高嶺に登らせられし翌月、この歌の中山へ成らせられ六条高倉両天皇の御陵御参拝あり、住職桑原義空歌人与謝野尚綱《しょうけい》等御席に陪し、尚綱は殿下の御登山を喜びたてまつるの詠を上りしに、殿下は同寺に対し左の御詠の短冊を賜はらせられ、今は同寺の重宝となれりと

歌の中山清閑寺にまかりてよめる　晃

世のちりは　松ふく風にはらはれて　きよく閑けき古寺の庭

十四、晃親王のお人柄

晃親王は、皇族でありながら武士の心意気を持っておられた。だからといって争いを好まれたわけではなく何かことが起きたら何とか話し合いで解決しようと努められた。東本願寺の件などそのよい例である（九十三頁参照）。

高崎正風が初めて勧修寺・慈尊院へ親王を訪れた時の親王の印象を、次のように語っている。

山階宮は諸公家と異り威武の御風采あらせし事

（略）何分他の御公家様とハ違って、武張った風で床の間には足軽の着さうな破れ鎧《よろい》を飾ってあって、厩には痩馬が一匹飼ってあるといふ有様であった、夫れから是は何になさるとお尋ねしたら、朝廷に事あらば佐野源左衛門をやる積もりであるといふやうなことであったから（後略）

（『史談会速記録』明治二十八年七月九日条）

高崎正風は、この粗末な鎧のことがずっと頭を離れなかったのだろう。自分が若い頃に資産をつぎ込んであつらえた薩摩藩の中でも評判だった鎧を、意を決して親王に献上した。初め受け取りを拒んでおられた親王であったが、正風の強い勧めもあって受け取られた。そして明治元年に、親王の弟の嘉彰《よしあきら》親王（後の小松宮）が征討大将軍になった時にその鎧を譲られた。そして小松宮が戊辰戦争の折にその鎧を着けて出陣されたことは不思議な因縁であると、高崎正風が後日語っていたという（『京都日出新聞』明治三十一年二月二十四日付「山階宮晃親王殿下の御事歴六」）。

親王は乗馬を得意とし、京都へ戻られた後も、屋敷から近江や石清水などへ何度も遠乗りをされている。

佐久間象山と初めて会見された時（元治元年四月十日）、親王は象山が新式の乗馬法を身につけていることを御存じで、庭に乗ってきた馬を招き入れて洋式馭法《ぎょほう》を演じてもらっている。象山は感激してその馬に「王庭」と名づけた。その日の様子を、象山は郷里の親戚へ手紙を書き詳しく記している。そこには、親王に対する印象も記されており、年は四十九歳と聞いているがそれより年取って見えることや、「御才断等は中川宮様の御上と申事、此節京師に於て第一等の御人物と申御事に候」と書かれている。

親王の人物評価としては、勝海舟の『氷川清話』に記載の一文は有名である。海舟との直接の面会は時節柄かなわなかったが、海舟は西洋事情など書いた草稿や軍艦の模型などを献上、そのお礼に親王の御手蹟と煙草盆を受け取っている。

親王の訃報を聞いて、海舟はその時のことを振りかえって、次のように書き残している。

山階宮は、実に卓識なお方で、世間が攘夷説で騒いでゐた頃から、既に開国説を持って居られた。当時開国の意味が本当に分かって居たのは、宮方では山階宮、公家では堤中納言のみであった。おれが京都にゐた時分に、宮は一度おれに会って、西洋の事情が聞きたいと仰せられるので、薩州の高崎正風が、その御使者に来た。高崎は、当時、宮にお付き申していたが、おれとは至って懇意であったのだ。併し、この頃は今と違って、こんなことも随分やかましかったのだから、おれも直ぐには御返答を申上げないで、一応その筋へ掛け合った所が、原市之進等が故障を言った為に、止むなく御断り申し上げた。所が宮は、それでは貴様の手で調べた、西洋の事情を書いたものがあるなら見せてくれと仰せられたから、清書もしないものを草稿のまま差出して、それに軍艦の模型なども添へて御覧に入れたが、惜しい事には蛤御門の変に、書類も模型もみんな兵燹《へいせん》にかかって亡びてしまった。

その時　宮から下さった御手蹟と、煙草盆とがあるが、こないだ測らずも　宮の御訃音に接して懐旧の情に堪えず、蔵から取り出させた。御手蹟の方は深く納めてあると見えて、一寸分からなかったが、煙草盆はこれだ。

之を見るに、鄭重に桐の箱に納めらる。箱の蓋に記あり。曰く、『山階宮様御常用之煙草盆 丙寅六月以特恩所賜也 安所守義邦』と、蓋し翁の手記にかかる。煙草盆は、白木の桐に菊花の散しあり。頗る高雅の逸品なり。

これは　宮がご常用の品を下さったのだ。別に結構なものを下さるよりは、こんなものの方が却って難有味のあるものだ。これ、この通り抽斗の中に御用の香も煙草も、下された儘で保存してあるのだ。

御手蹟は何でも、『萬物並育不相害。道平行不相悖』の十三字であったと覚えるが、これはおれが常に好んで誦ずる語だ。

その後、何時か一度お目にかかった事があるばかりで、一朝溘焉《こうえん》として御薨去になったのは嘆かはしい事だ。

（『校訂 海舟先生 氷川清話 全』）

山階宮は好奇心旺盛で、賑やかなことがお好きで、花見の会の開催、相撲見物、花火見物、きのこ狩りなどによく出かけられているし、京都で開かれた内国博覧会へも、会期中何度も足しげく通っておられる。慶応二年六月の『山階宮三代』の記載には、近衛邸で近衛忠煕・忠房親子、一條實良らとともに象、虎を見物されたとある。

また新しいものを積極的に取り入れ、写真を撮ることもお好きで、何度も写真館へ出向き写真を撮っておられる。現在勧修寺の書院に飾られているお写真は、明治時代の写真にしては大きくはっきりと写っており、大変貴重なもので、外国の機械を使って写したものではないかという専門家もあるそうだ。写真手前の黒い文箱は昭和初期に山階宮家よりいただいたもので、本書口絵にある勧修寺紋付晃親王の写真を含め、額入りの写真三枚が納められていたそうだ。文箱は現在、学習院大学史料館にお預りいただいているとのこと。

晃親王肖像写真とゆかりの文箱
（勧修寺書院内）

島津久光公とはかなりの数の手紙のやり取りをされているのだが、五十八歳（明治六年）の時に写した、烏帽子に鉢巻、袴を着けて脇差を差された写真を、二回も久光公に送られている。きっとお気に入りのお写真だったのだろ

晃親王58歳時の写真
（玉里島津家蔵　鹿児島県歴史資料センター黎明館保管・『鹿児島県史料』玉里島津家史料七より）

う。また、六十一歳の時に写真館で写された洋装の写真も送っておられる。このご洋装写真は、明治八年十二月に勲一等賞牌を賜綬された記念に内田久一写真館で撮られたもので、「二品親王山階晃六十一歳」と親王のご署名がある（『鹿児島県史料』玉里島津家資料十）。

刑部芳則著『京都に残った公家たち』は、京都の公家や華族の肖像写真がきわめて少ないことに言及し、次のように書いている。

> 明治と時代が変わってから十年以上が経過して、京都公家華族も文明開化という思想を受容したわけである。文明開化と呼ばれる新しい文化のなかには、幕末に日本に導入された写真の普及も含まれている。

公家や華族の間でなかなか写真が普及しない中、いち早く写真を取り入れられたところからも、晃親王の開明的なところが窺える。
東京へ移転後すぐに、供も従えずあちこちへ出歩かれるとの風評に対して釈明をするというエピソードも残っている。

頃日親王が単身で社寺に参詣し、名勝等を散策せられるのは、御身分上相応しくない行動であるとの風評があった。仍《よ》って是日家扶東城公美は、宮内省に於て少丞香川廣安と用談のついでにこのことに言及し、御外出の際は必ず一両人を召し連れられていることを釈明すると共に、今後の心得方につき本省の指示を求めた。廣安は之に対して、現在の御家禄を以てしては軽便な供廻りはやむを得ぬことであると答えた。

（『山階宮三代』明治六年五月二十八日条）

この記載は十六章で述べる宮家の苦しい経済的事情とも関係してくる。
さて、晃親王は、律儀で情が深い面もおありだった。家にかつて仕えていた者がその後困窮しているのを聞かれると援助を惜しまず、女性の場合は年老いても困らないように、その子どもらに細かく老後の世話についての指示を出されたりしている。

自分の家族に対しても、あれこれと気配りされ、ご指示も行き届いている。『山階宮三代』の御逸事に、菊麿王・同妃範君への御慈しみとして「菊宮は鮪のすしが好きだが、京には鮪がないから、取り寄せるように魚屋に申し付け、範君は鯛うどんが好きだし御多福豆の煮たのも好きだから、皆忘れぬように申し付けておけ」と細やかに配慮せられたとあることや、遺言状の文面（十七章参照）などからもそのことが感じられる。

年を重ねるにつれてせっかちで少々気難しいところも出てこられたようで、朝の寺社めぐりの出発や帰還の時間には正確で、出発の際に忘れ物があったりするとかなり御機嫌が悪くなり、周りの人は忘れ物がないようぴりぴりしていたそうである。

茶目っ気もおありで、ほほえましいエピソードの一つとして、『山階宮三代』明治二十四年八月の条に、安産地蔵へ行かれた時のことが紹介されている。その時に供をした人の談より、以下に要略してみたい。なおこの安産地蔵は、現在も山科の勧修寺近くの西向寺にあって、安産の信仰を集めている。

明治二十三、四年頃勧修寺へ参られた時、急に西向寺の安産地蔵様の胎内仏を見たいといわれ出掛けていったことがある。しかし、此の胎内仏は肩の下に小さな三角の穴が開いており、そこから手を入れ探るとやっと頭に手を触れることが出来る程度でどういうお姿かわからない作りになっていた。宮が冗談に「此の地蔵は体内に子があるが、出る所が小さいので子が出られぬ。安産でなふて難産の地蔵じゃ」とおっしゃり、一同大笑いをしたそうだ。ところが、その後勧修寺近郊で偶然に難産の人が二人も出たので宮様が難産の地蔵様と申されたから難産の人が出たとの噂が立った。そこで、宮様に体内仏を取り出して安産仏にしてほしいとお願いをしたところ、「こち（自分のことをそう呼ばれた）の戯談でみなが迷惑する様なら仏師に命じて安産の地蔵にすればよい」といわれた。そこで京都の仏師・乾に命じて背に扉を作り仏を取り出した。その胎内仏は身の丈一尺四、五寸（四十センチ強）あった。このことが近郊に伝わり、「西向寺の地蔵様が安産した。安産地蔵様だ」と評判になり、参詣するものが多くなったそうである。

また、晃親王は犬や猫などの動物ををかわいがられ、植物もお好きで、菊の花は毎年植えさせて菊花鑑賞会などを開いておられるし、茶会用の花をご自分で生けたりされている。若い頃にはよく蛍狩をされて、その蛍を御母儀に贈ったりもされている。

食べ物の好みは、『山階宮三代』御逸事に「酒はお好きで晩酌はもちろん、外出にも御一酌のことが多い。召し上がり物には好き嫌いがあったが、御好物は手打ち饂飩《うどん》・刺身・野菜・湯豆腐と大根卸しは毎日欠かされず、御他行の際にも御注文になった。また、小豆は菓子でも御飯でも善く、ほんとの御好物であった」とある。この大根おろしのお好みは息子の菊麿王にも受け継がれたようである。

また、外出中に焼き芋を買わせて召し上がることもあったそうである。晩年、歯は全て失われておられたが目はよく、書など平気で読まれていたとのことである。

泉涌寺の長老、佐伯旭雅《きょくが》和上とのエピソードもある。

旭雅和上は、明治政府の方針から起きた廃仏毀釈に対抗し「僧弊一洗」の建白を釈雲照律師とともに政府に提出したり、後七日御修法の復活に力を注いでおり、この時期の真言宗の復興に努めた中心人物である。明治十一年（一八七八）に泉涌寺長老になるのであるが、明治十五年十月十四日に失火により寺の大部分を焼失してしまう。大勢の見舞客が訪れた中に晃親王も含まれていた。

失意のうちに呆然としている和上に親王は「お墓は自分が樒《しきみ》も水もあげて、ようお断りしてきたから心配するな、身体を大切に」と言われて帰られたとのこと。この言葉に励まされて和上は何とか気を取り直して、寺復興の一歩を踏み出せたと後日語ったそうである（『旭雅和上讃語』より）。

十五、ご妻子

晃親王は、四十九歳で還俗されるまでは御謹慎中でひたすら修行の日々だったので、正妻はなかった。後継者については必要と考えられており、明治元年（一八六八）に弟の六十宮《むそのみや》、後の伯爵清棲《きよす》家教《いえのり》を養子として家名を相続するよう届出をされた。しかし既に仏光寺門跡相続が治定されていたのでとりやめ、さらに弟の定麿王（後の東伏見依仁親王）と養子縁組（明治二年〜十八年）を希望されて許可が得られ、後継者とした。その時、晃親王は五十三歳、定麿王は三歳であり、まだ幼少だったので引き続き伏見宮家で養育されることとなり、山階宮家から賄料として三カ月ごとに二十両を支払うよう決まった。

明治四年の定麿王の誕生日から、山階宮邸にて父子として同居された。

明治六年十二月、皇族はすべて陸海軍に従事すべきことが決定され、晃親王は老齢のため免除となったが定麿王は海軍に従事することとなり、明治八年より予科に入学される。初めは山階宮邸より通われていたが、明治十年三月より兵学校の寄宿舎に入られた。

定麿王が山階宮邸に住み始めた明治四年から海軍兵学校の寄宿舎に入られるまでの時期、

親王はわが子のように大変かわいがり、外出の際にはほとんど定麿王を一緒に連れて出かけられていた。

また日本を訪問したハワイの国王カラカウアが、滞在中にお相手を務められた定麿王を大変気に入って、王位継承者である姪カイウラニの結婚相手にと望まれたというエピソードが残っている。

カラカウア国王はポリネシア人特有の明るく豪放な性格の王様で、世界一周旅行を思いつき、ハワイからサンフランシスコ経由で日本へ明治十四年（一八八一）三月二日に来られた。明治新政府になって初の国王級の賓客の来日ということで、政府は最大限のもてなしをしている。特に不平等条約を何とか改善したい思いを強く持っていた政府は、井上馨外務卿が随身に条約改正の話を持ちかけ、国王も日本に同情的で改正の了承を取り付けて、実現がほぼ確実な状況となって色めきたった場面もある。しかしこの話は残念ながら後に、アメリカをはじめとする列強の反対にあって流れてしまう。

王様の奇想天外の旅行記が、随行していた国務大臣のウイリアム・アームストロングによって書かれ、『カラカウア王の日本仰天旅行記』として翻訳され出版されている。王様の行動も面白いが、日本の対応も細かく書いてあり、とても興味深く読める。

カラカウア王は、ハワイの王政維持に心を砕いており、アメリカの属国にならないための工作として、日本と手を組むことを思いついたらしい。その一つの提案が欧米諸国の侵略に対抗するために「東洋諸邦同盟」を設置することや、ハワイへの日本人の移民の奨励で、天皇に謁見《えっけん》した時にその申し入れをしている。また、さらにお忍びで天皇に謁見し、定磨王と姪のプリンセス、カイウラニの結婚の申し入れをするという大胆な行動に出ている。

そのいきさつについて、アームストロングの旅行記の中の「奇想天外な結婚ばなし」には、次のように書かれている。

（前略）カラカウア王が、ポリネシア人特有の単純な脳みその中で、いったいどんなことをひそかに考えていたかというと、ハワイ王家と日本の皇室を縁結びさせたい、これだったのだ。王は、ハワイが遠からずアメリカの属国となってしまうのではないかと恐れていて——もっともぼんやりとした恐れではあったが——それを防ぐための策として、奇想天外なこの案を考え出したのである。

天皇の親戚の親王の一人と、王の姪で王位継承者のカイウラニ姫を結婚させることはできまいか、そうすれば日本を味方につけてアメリカに対抗できる。しかし、われわれ随員に話せば大反対されるだろう。それはそうだ。まったくの夢物語でしかない。とにかくそう考えた王は一人で天皇にこの案を持ちかけたのだった。

天皇は上機嫌で王の話に耳を傾けてくれ、態度もきわめて丁重だったそうだが、やはり国際結婚は日本の伝統に反することではあるし、慎重に考えたいと言ったとか。はたして、われわれが旅を終え、帰国した後、天皇の侍従がわざわざハワイまで内密に来訪し、天皇の親書を王に手渡した。まことに残念だが縁談の件はお受けいたしかねる旨、記してあった。丁寧な文面ではあったが（後略）

その注によると、明治天皇は国王の離日後すぐに御前会議を開き、このことを検討した。賛成意見がかなりあったそうである。しかし国際結婚という壁と、アメリカに対する関係を配慮して、断りの判断がなされた。

歴史に〝もしも〟はないが、この縁談が実現していたらとても面白いことになっていて、第二次世界大戦のパールハーバー襲撃はなく、世界地図も変わっていたかもしれない。

定麿王が国王へ英語で御礼と断りの自筆の手紙を書いているが、それがハワイの博物館に残されているという。定麿王は当時海軍兵学校の学生で十五歳、カイウラニ王女はわずか五歳であった。美人のお姫様に成長したカイウラニ王女は、後に「一度も会ったことのない方とは結婚できません」と話したそうだ。

王様自身も日記を残しているが、滞在中に定麿王と何回か行動をともにしており、その際にとてもよい青年だと思ったとの感想を書いている。
そうこうしている間に、晃親王に侍女の一人中条千枝子とのあいだに、明治六年(一八七三)七月に男の子が誕生される。そのお喜びを詠った親王の歌がある。

よはひさへ
ここにふけ井の浦鶴の
子をおもふやみに
幾夜鳴くらん

待望のお子を授かり、歓喜されたのであろう親王のお気持ちがこめられた歌である。

晃親王・菊麿王・範子妃三人の写真
(『山階宮三代』より)

このお子が山階宮家二代目となった菊麿王で、ドイツへ留学された際に気象学に興味を持ち、筑波山山頂に日本初の気象測候所を建立された。また高層気象観測の必要性を強く提唱し、富士山山頂の測候所建設の足がかりをつくられた方である。

菊麿王は九条道孝の次女範子様と結婚されたが、範子妃は大正天皇妃節子（貞明皇后）の実姉に当たる。一時梨本宮を継いでいたが、明治十八年に定麿王が小松宮継嗣となられたので実系に戻り、山階宮を継ぐことになった。

菊麿王の長子の武彦王は、晃親王が亡くなる数日前の明治三十一年（一八九八）二月十三日にご誕生、嫡孫の誕生を心待ちにされていた晃親王は、男の子だった場合の名前を「武彦」と決めておられた。十二日朝に病床で名記を染筆されており、ご誕生の報が入るや否や、家令にその名記を携帯させ、上京させた。親王の状態がかなり危険であったため、御七夜を待たずに十五日に御命名式が執り行われた。

親王は、孫の顔をご覧になることはかなわなかったが、無事の御出産がわかり、待望の後継ぎが得られ、名付けの親にもなられたので、幸せに旅立たれたことと思う（薨去十七日）。

明治十八年（一八八五）東京で晃親王の古希の祝が行われた際、老女中川藤子（通称・玉川）も皇后陛下に拝謁したことは一三六頁に記した。そのことからも、晃親王には何人か側室に当たるような女性がおられ、玉川がいちばん正妻に近い存在だったのだろうと想像できる。晩年は、玉川と二人でよく寺巡りに出かけられていたそうである。

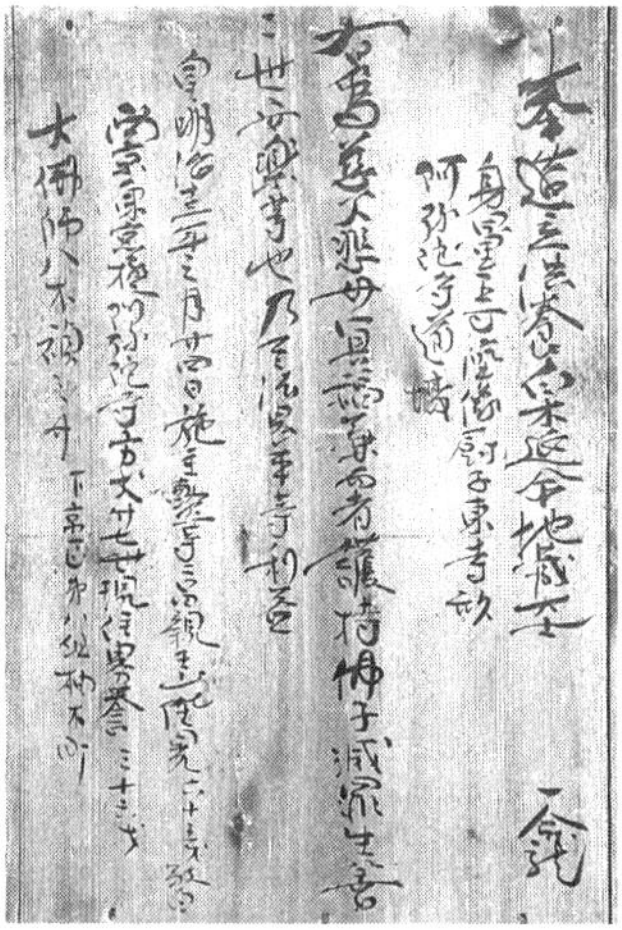

延命地蔵尊 厨子裏書

延命地蔵尊（阿弥陀寺蔵）

中川藤子の墓は前述した阿弥陀寺の墓地にあり、墓石の裏には山階晃親王老女玉川と彫られている。

一六一頁でも触れたのだが、親王がわざわざ仏師に彫らせて阿弥陀寺に奉納された延命地蔵尊のことがずっと気になっていた。地蔵尊を納めた箱の後ろには、親王直筆で〝尊父悲母冥福〟〝護持佛子滅罪生善〟〝至法本寺利益〟などの願が書かれている。しかし、数ある仏の中でわざわざ延命地蔵を選び、阿弥陀寺に納めた理由を考えてみると、親王はひたすら藤子の長生きを祈願されていたのではないかと思えてくる。正妻ではないが、妻として心から藤子を愛し、大切に思っておられたのだろう。

十六、山階宮家の経済的状況

ここで少し、山階宮家の経済的状況について書いてみたい。

文久四年(一八六四)、還俗して宮家を設立される際の正月十七日に、幕府が御用途金として千両を贈進。とりあえず、宮家として設立に関する諸費用に充てられた。その後七月三日には家司より、武家伝奏を通じて幕府に宮家の財政が困難なことを訴え、さらに三千両の進献を求めたところ、千五百両を得ておられる。

同年五月七日に、家領が千石と定められた。ちなみに朝彦親王の還俗の際の家領は、千五百石で、近江国に所領を得ている。しかし晃親王の領地は未定のため、とりあえず正米を渡されることとなり、そのままの状態で王政復古となる。

それには理由があって、当初家領に摂津国豊島郡のうちの五カ村を充てる旨が仰せ出されたのだが、不便な土地であったため、宮家側は、なじみの深い山城国宇治郡勧修寺村近辺を所望された。しかしそのあたりは差し障りがあって、慶応三年(一八六七)近江国野洲郡内五箇村を治定、引き渡す段になっている矢先に大政奉還になってしまい、新政府は「後日賜う」

という返答をする。
そのままずっと所領が決まらず時が過ぎたので、明治元年に総裁である有栖川宮熾仁《たるひと》親王へ善処を求められたところ、熾仁親王より次のような沙汰が下った。

当宮（山階宮）と勧修寺門室とは縁故が深く、内実は一体同然である現状に鑑み、暫定的な措置としてその寺領一円の地を親王に附することとしたのである。（中略）勧修寺領は千十二石余で、収納高は五百七十一石余とされた。

（『山階宮三代』明治元年正月十四日条）

ところがこれが混乱のもととなって勧修寺の方からもクレームが付き、親王側も勧修寺とは一線を引きたいということで、この沙汰は八月十日を以て停止となっている。そして、勧修寺領を返上し、従来通り家領が定まるまで、年々玄米四百石が支給されることになった。
一万石以上が大名と言われている時代、家領が千石というのは、皇族として活動し家を維持をするのには、不十分な額であろうことは想像できる。『山階宮三代』には、次のように、金策に苦心している状況がわかる記載がその後何回か出てくる。

明治元年七月九日条

弁事役所に対して、勝手元難渋のため殿舎の作事も中途で差し支え、諸事支障をきたしている事情を陳じ、金一万両を拝借せんことを願い出られた。然し何等の御沙汰もなかったので、八月五日重ねて嘆願されたが、同日十日却下せられた。

明治元年十月九日条

是日使を弁事役所に遣わし、去る七月以来勝手向逼迫して諸雑費の支払も困難となり、この頃となっては日常の費用にも差し支える状態であることを陳情し、出格の思召を以て、家領米四百石又はその代金を早々に支給されるよう嘆願せしめられた。

なお、公の収入とは別に、孝明天皇より直々に国事御用における功労金のようなものを何回か受け取っているが、次の記載もその一つである。

元治元年七月九日条

又是日国事御用繁劇の故を以て、天皇より御慰労として金三百両を拝領せられ、次いで十二日白銀二十枚（十枚ともいう）及び刺鯖一折を賜った。

明治新政府になってからは、国事多端の際の奉職に対する月給として、月々の定額は未定だったが、明治元年三月三日に一月分として金五百両、三月十九日に二月分として金八百両（手形）、四月二十日に三月分として金八百両、六月三日に四月以降の分として金札千二百両を受け取っている。二月分からそれぞれ四分の三を表勘定所及び奥納戸に納め、残り四分の一を諸大夫以下に配分されている。

明治六年一月において、山階宮家に奉職していた職員の数は二十七人で、男子職員は家令代以下、家扶四、家従五、家丁四、駈使一、白丁四の十八人。女子職員は侍女、乳母、家廟鎮守預、定麿王附伽、下女ら九人だったそうだ。

明治六年七月三十一日付で、各宮家への給与米が廃止され、年金（賄料）が支給されることになった。その額は、有栖川宮・伏見宮・閑院宮が六〇六〇円、東伏見宮・山階宮・北白川宮・梨本宮・華頂宮が四六五二円だった。他に交際料として六〇〇円支給されている。その後邸宅の新改築、吉凶諸事、内外国人との交際など臨時の出費に対しては、別途給与の制が定められた。

明治十年八月二十四日に親王が京都へ戻ることが決まった後の記載には、宮内卿より宮家一カ年の賄料五二五二円のうち、東京の入金を三六〇〇円、京都滞在費を一六五二円と区分すべき達しが出ている。

明治十三年（一八八〇）七月五日、この月より皇族賄料が増額改定になり、年額一万八〇〇〇円の給与となったが、臨時の出費などはすべてそれで賄うよう令達があった。さらに明治十九年にも改定があった。

今と貨幣価値が違うし、皇族の暮らしにどのくらいの出費が必要なのかわからないのだが、この時代の公務員としてのトップの総理大臣や陸海軍大将の年棒が八〇〇〇円から一万円、月給にすると七〇〇円から八〇〇円だったそうなので、明治十三年頃の皇族賄料は皇族の生活にふさわしい額であったのではないかと思われる。

十七、遺言と葬儀について

山階宮が後世にまで大きな問題として提起されたのが、葬儀における遺言であろう。明治新政府が国家神道による国造りを目指し神仏分離政策をとった結果、激しい廃仏毀釈の運動が起こったのは前述したが（一二一頁参照）、さらに皇室内においても行事は仏教色を廃して神道に統一した。そして皇族の葬儀も、仏式ではなく神式で行う決定を下しているが、それに真っ向から異を唱えたのが、晃親王の遺言であった。

宮は元僧侶であり、仏式の葬儀を希望されていて、生前の早いうちからそのことを宣言されていた。

慶応二年（一八六六）八月、泉涌寺《せんにゅうじ》塔頭新善光寺内に御寿塔（現在の御歯髪塚・二一八頁参照）を造立されたが、その頃から、ご自分の墓所は新善光寺と決められていたようだ。

東京への転居を十月に控えた明治五年（一八七二）九月二十一日に、没後のことについて依頼した証書を作成され、新善光寺へ届けている。

証

今度晃親王御家族共御上東被為在候得共、百年之後ハ必尊骸御時宜ニ而、実ハ尊骨御帰西ニ候共、表向ハ尊骸之事御帰西、泉山新善光寺仏堂左辺兼而設被置候山階宮御墓地江御埋葬御確定ニ候、仮令御神葬被仰出候共御表計、内実ハ真言作法ニ而加法御頼被成候、右為後日依而如件

家扶 國 季秋 印
家扶 川上忠之 印
家扶 東城公美 印
山階宮家令代
川上忠臣 印

明治五年壬申
九月廿一日
新善光寺殿

（『山階宮三代』明治三年九月二十一日条）

表向きは神葬になっても、内実は真言作法により加法してほしいとの依頼、尊骸と尊骨をはっきり分けて記載されているところにも、親王のこだわりと強い思いが伝わってくる。亡

くなる三十年近くも前の依頼であるが、まるで国の政策により、ご自分の思い通りの仏式の葬儀は不可能であることを予知されていたかのような文章である。

明治二十四年（一八九一）十月には、政治上の意見は異にする場面も多かったが、引退後は親しく行き来されていた弟の久邇宮朝彦親王が亡くなられた。

そのことがきっかけか、朝彦親王の三十七日忌法要の終わった十一月十日、晃親王は遺言書を書かれ、十四日に別当子爵清岡公張及び家令黒岩直方に、丸太町邸証書と遺言書を預託されている。

また葬儀の導師を依頼した泉涌寺の長老・鼎龍暁へ、葬儀の法要の際につける袈裟《けさ》を贈るように遺言した。この袈裟も、古代袈裟について長いことかけて調べ、織地から染め、縫いも古式のものをと依頼されている。ここにも親王のこだわりが感じられる。この袈裟は、明治三十年（一八九七）四月五日に仕上がり新善光寺に贈られた「七条遠山袈裟」である。現新善光寺のご住職のお話だと、七条は袈裟の大きさと形状を表し、遠山は袈裟に描かれた模様のことだそうだ。遠山袈裟の実物を見せていただいたが、いくつもの山が雲間に浮かび上がった絵が描かれており、これは老僧がつけるものだという。

晃親王が薨去されたのは、明治三十一年二月十七日の午前四時四十分で、まず遺言通り仏式の臨終作法が執り行われ、その後菊麿王が、小松宮彰仁親王（晃親王の弟）らが立ち会われる中、遺言書を開封された。その全文を紹介する。

中遺仏事之趣

一、臨終之作法
一、入棺之作法
一、荼毘之作法
一、喪礼無常導師之作法
一、中陰之作法
一、塔供養之作法

右晃死後真言宗勧修寺流之例ニ而執行、又勧修寺文庫中ニ済深親王尊孝親王凶事書類一箇候間借用、尚傍例ニ者仁和寺済仁親王三宝院高演准三后之近例書類借入レ

一無常導師必泉山新善光寺江依頼、又東寺観智院者、開基杲寶大阿闍梨以来代々勧修寺御流預リニ候間、仏事乃条々、観智院ェ助御依頼可然候

一晃死後速ニ内々ニ而火化ニ致シ、白骨ヲ曲物三ツニ分チ入レヲキ、仮ニ安置致シヲキ、扱真言宗大壇用カラカ子カ黄銅カ乃中瓶ノ古物フルテニテモ地金アツク候得者新物ニテモ仏具屋又ハ古道具屋ヨリ買入レ、其瓶ニ山階晃親王骨ー年ー月ー日薨年ー才ト深ク彫リ、口ハ木ニテツメ、其上ェ錫ヲナカシ、其瓶

ヲ生木乃松ノ板ノ筥ニ納メ地中ニ納候ヤウ取計、此三ツハ、一ツハ泉山兼而成就乃石塔下也、一ツハ野山不動院光明院乃内、一ツハ勧修寺門跡墓谷ニ納メ、台石一坦（壇）ニ標石五寸角位ニ山階晃親王納骨標ト彫リ候ヤウ

一勧修寺門流御末末寺、其外東大寺、東寺、高野山、高雄山、仁和寺、大覚寺、広隆《ウヅマサ》寺、清水寺、安楽寿院、不動院、石山寺、酉酉（醍醐）山、随心院、安祥寺、自他宗諸門跡方、尼宮方、勧修寺家、堂上方十三軒園高野家、相国寺心花院親族方ニ、貴賎出入リノ諸人ヱ風吹、皇族近親中伏見小松両宮ハ急速ニ風聴

一中川藤子、中条千枝、植松冬凍餒ニ不及様、慈悲之取計希入候

一菊麿王之事ハ、宮内省至仁至慈之御沙汰、別当家令尽力周旋乃事ト降心安意致シ居候也

大勲位晃親王 七十六才 御印

明治廿四年十一月十日

山階宮別当

清岡公張殿

同家令

黒岩直方殿

（別紙）遺書ニ添

一淺香茂徳家令奉職中、宮内省江山階宮御宿願ニ而、薨去後者仏葬仏祭等乃事、従宮内省泉山江兼而御書下ヶ被成置候様申談処、宮内省ゟ昨今右様乃指令書差出候事者、必（不カ）宜候間、為後日證家令ゟ泉山江、山階宮薨去乃上者、仏葬仏祭ニ被成候旨、書付一紙達置候方可然旨ニ而、則従家令淺香茂徳一紙達置候、此儀も心得ニ申遣シ候也

明治廿四年十一月十三日　晃

別当清岡公張殿

家令黒岩直方殿

遺言状は以上である。亡くなった後に誰に声を掛けるかとか、骨を入れる骨壺の種類から納めるところまで細かく書かれており、一番のお望みであった仏葬仏祭のことは、添え状まで付けて念には念を入れて頼んでおられる。

これを読んだ菊麿王は、ご希望をかなえるべく、時の宮内大臣・田中光顕にすぐに電報を打って配慮を要請するとともに、別当男爵眞木長義を上京させて宮内省へ事情を具申した。小松宮彰仁親王も書簡を田中光顕に送って懇願されたのだが、光顕は断固これを突っぱねた。

然し光顕は、維新以後皇室祭祀の典礼が定まり、先帝孝明天皇の三年祭以来は、絶えて仏儀を用いられることがなく、喪礼もまた神祇式に依られているため、皇族の喪礼また範を皇室に取らざるべからずと為し、親王の遺旨を聴許すべからずと奏して勅裁を請うたのであった。（『山階宮三代』明治三十一年二月十七日条）

事態を憂慮された明治天皇は、枢密顧問に諮詢《しじゅん》して善後策を図られた。枢密院は十九日に審議をしたが、次のように結論づけている。

親王の遺旨寔にやむべからずと雖も、皇室の定例は固より破るべからずと奉答するところあり、天皇はその議を是とし、同日光顕をして、葬儀は神祇式を以て行うべきことを菊麿王に告げしめられた。（同）

このことは、『明治天皇紀』明治三十一年二月十九日条には、次のように記載されている。

十九日　故晃親王に仏式葬送を聴したまはず、晃親王薨《こう》ずるや、十七日其の嗣菊麿王、親王遺言の旨を奉じ、葬送総《すべ》て仏式に依らんことを請ひ、山階宮別当男爵眞木長義を東上せしめて、宮内大臣子爵田中光顕に具申せしむ、彰仁親王亦書を光顕に致し、特別を以て之を聴し、晃親王の遺志を成就せしめんことを冀望《きぼう》す、光顕之を不可とす。以為《おもえ》らく、維新後皇室祭祀の典定まり、先帝三周年祭以来、朝廷絶えて仏儀を用ゐることなく、葬送の礼亦《また》神祇式に由り、其の儀制は英照皇太后の大葬に依りて大成したり、是れ実に踵《きびす》を上世に接して、則《のり》を後代に垂れさせらるるものなり、皇族の儀制・典礼固より範を皇室に採らざるべからず、寧《いずく》んぞ区々の私情に徇《したが》ひ、大体を遺《のこ》るべけんやと、乃《すなわ》ち詳かに其の聴すべからざるの理を奏す、天皇事の重大なるに鑑み、之れを枢密顧問官に諮詢し、衆議を徴したまふ、十九日枢密院副議長伯爵東久世通禧以下顧問官議を尽くして奉答書を上る

枢密顧問官奉答書

謹テ按スルニ建国ノ昔祭政一致ヲ以テ国是トセラレシヨリ　皇室ノ葬祭ハ常ニ尊厳ナル式典ニヨリテ行ハレ永ク　皇室葬祭ノ儀礼トシテ今ニ伝ハレリ中古以降仏教ノ旺盛ヲ極ムルヤ仏式ヲ以テ大葬ヲ行ハセラレシコト固ヨリ尠カラスト雖《いえど》モ　皇霊殿ハ常ニ　歴代ノ神魂ヲ安シ奉リ其祭祀ハ常ニ古来ノ式ニ依リ奉セラレタリ明治維新ニ及ヒ典礼ノ紊《みだ》レタルヲ正サレ　皇室ノ葬祭ハ純ラ古式ヲ以テスルヲ定例トセラル今日国家ノ祭典ハ尚依然トシテ古制ニ法トル所以ノモノハ蓋シ　皇室ノ祭祀ト我国体

トハ其関係甚密ナルモノアレハナリ

中古以降仏式ヲ以テ　大葬ヲ行ハセラレタル例乏カラスト雖モ維新以後　皇室葬祭ノ典礼ハ一ニ古式ニ拠ラシメラレ且ツ国家公式ノ祀典モ一ニ之ニ法トル今日ニ在テ　皇族ノ仏葬ヲ聴許セラルルアラハ是ヨリ特例ヲ後世ニ開キ或ハ延テ典礼ノ紊乱《びんらん》ヲ来スアランコトヲ恐ル

故宮殿下ノ遺旨寔ニ已ムヘカラスト雖モ　皇室ノ定例ハ亦固ヨリ斁ルヘカラサルナリ

天皇其の議を是とし、是の日光顕をして其の旨を報じ、葬儀は神祇式を以て修むべきことを告げしめたまふ

　このように顧問官が議を尽くした結果も、皇族の葬送に関して国としての方針は既に固まっており、後世の範になるので、何としても例外は認められないというものだった。

　明治天皇は、親王の気持ちを察して、侍従長を通してさらに次のような書簡を山階宮家へ送っている。

一書謹呈、陳者故宮殿下御遺言ニ付御哀願宮内大臣上奏候処、御親子之御情誼上御尤之

御事、御遺旨貫徹被遊度陛下ニも被思召候得共、如何セん維新以後皇親之方々神祇式ヲ以御執行相成来候次第ニ付、乍御遺憾御哀願之旨聞食ラレズ候、尤葬式ニ関セザル山階宮々内ニ於而御仕向ヶ之儀ハ、故宮殿下思召ニ被為叶候様之御取計ハ、更ニ御差支ハ無之候間、此旨言上仕置候、匆匆誠惶頓首

明治卅一年二月十九日

侍従長徳大寺實則

山階菊麿王殿下

（『山階宮三代』明治三十一年二月十七日条）

何とか親王の思いをかなえたいという明治天皇のお気持ちが伝わってくる書である。

その結果、公には神道式の葬儀をするが、内輪では仏式の葬儀をしてもかまわないということになり、神式と仏式の葬儀が平行して行われる事態となった。

この一件については、後の多くの人が問題提起している。皇室と宗教の問題、ややもすれば日本の国のあり方へも発展しかねないような大問題ともいえる。

まず、『泉涌寺史』（五四八頁）の記載を見てみよう。「山階宮の御葬礼」というタイトルで、次のような文章で、宮と寺の関係や、葬儀のことを取り上げている。

明治三十一年(一八九八)二月十七日、山階宮晃親王が薨去せられた。山階宮は、四歳で勧修寺に入寺されたのであるが、幕末の政局の変転の中で還俗されて活躍された方である。ところが維新後は、真言宗の優婆塞《うばそく》と自ら称せられ、しばしば御来山になり、主な法会には絶えず御参席になった。とくに、孝明天皇の御引導師をつとめられた尋玄長老の高徳を慕われ、勧修寺と関係があったにもかかわらず、尋玄長老の自坊である新善光寺を香華院と考えておられたのである。また泉涌寺炎上後の再建に際しては、絶えず御助力をいただいたことも記しておかねばならない。ところが宮は生前から、その御引導を尋玄長老に、その亡きあとは旭雅長老に、そしてまたその亡きあとは新しい龍暁長老に依頼しておられたのである。若宮菊麿王が、故宮直筆の「御遺願書」を開かれた所、泉涌寺長老鼎龍暁に御引導を依頼し、仏式の葬送を願われていた。

そこで、若宮は、ただちに家令を東上させ、故宮の御遺願によって仏式葬送の儀を上願せしめられたのである。宮中では早速枢密院の諮詢に附せられた。枢密院では、宮廷は神祇式によることを国法で決定されている以上、どのようにもできないと結論をだす。しかし宮中においては、若宮の御孝心を嘉せられて、公式には仏式を認めることはできないとしても、実際には故宮の遺願を守って仏式作法によって葬送・法会を執り行なうも差支えないと決定され、徳大寺侍従長より若宮に親展の書面が送られたのである。この結論は、生前の御信仰を尊重しようということであった。ところがその結論を「ゴシンソウトキマル」と打電されたため、「御親葬」のつもりが「御神葬」と理解され、仏式の請願が否定されたと判断されてしまった。このため二月二十六日に行われた御葬儀は、まず神祇式にて行なわれ、しかるのちに、龍暁長老が御導師になり、仏式葬儀にて故宮をお送り申し上げるというわずらわしいことをしなければならなかったのである。御宝棺は、雲龍院の南にある楊柳寺旧地に選定せられた御墓に葬られた。なお、この場所は、京都府知事の『達』によって、官有地第一種に編入され、宮内省の管轄となったのである。引きつづいて六月七日、故宮の菩提をとむらうための写経供養が奉修された。龍暁長老が導師をされたのであるが、小松宮彰仁親王をはじめ、故宮の兄弟姉妹の方々が、金紙《こんし》金泥《こんでい》にて法華経開結十巻を奉写され、泉涌寺に奉納せられたのであった。

親葬を神葬と解釈したという話も記されており、いかに現場が混乱していたかが伝わってくる。

また高木博志氏は著書『近代天皇制と古都』の中の〝非宗教としての国家神道と皇室の来世観〟の項でこの問題を取り上げている（一九五頁）。

祭神論争以後の国家神道下では、宗教でないとされた神道は公的には来世の問題を語れなくなった。宗教の宗教たるゆえんの一つに、死後の救済の問題がある。（中略）明治維新後において天皇や皇族は、信教の自由や死後の安寧を選び取る自由も奪われた。そして少なからぬ皇族が神道式の葬儀に違和感を持っていた。一八九八年の晃親王の遺言はその表出であろう。晃親王の仏式葬送の希望と、それに対する政府の不許可という事態は、ひとり皇室のみならず神道界にも大きな波紋を投げかけた。晃親王は、おそらく仏式葬儀でなければ、死後の安寧は得られないと考えたのであろう。

そして高木氏は、田中光顕の見解や枢密院顧問官の奉答書の引き合いに出して、中近世における仏葬を無視し、神祇式の葬礼を「古来ノ式」として古代以来連続する「伝統」であるかのような強弁である。

との、感想を述べている。

また「宮中取材余話一八・皇室の風」（『選択』十二月号 二〇一〇年十二月一日発行）にて、岩井克己氏は、「山階宮晃親王の遺言」という題で、手記を書いている。この記事は、秩父宮が自らの葬式を神式でなく無宗教で営んでほしいとの遺言がかなえられなかったことに関連して、「自らの葬儀について遺言が叶《かな》えられなかった皇族には先例がある」と、山階宮晃親王のことを取り上げている。そこでは、晃親王の経歴、人となり、葬儀までのいきさつを述べ、天皇や皇族の葬送の時代的な流れを考証した後、次のような問題提起をして締めくくっている。

幕末に僧侶から還俗した山階宮晃親王は仏式の葬儀を、また戦後の政教分離の時代に秩父宮は無宗教式を遺言したが、叶わなかった。現天皇、皇后は国民負担への配慮などから「薄葬」を望んでいるとも聞こえてくる。宮内庁書陵部に様々に検討させた形跡もある。伝統と憲法、国民負担の狭間でどのように考えているのだろうか。

二十二日に神式の葬儀のため、山階宮家は葬祭斎主を神宮教管長藤岡好古、副斎主を大教正篠田時化雄に委嘱したのだが、宮内省よりの指示で同宮別当男爵眞木長義が斎主、主殿助飯田巽が副斎主と決まった。そのいきさつにも、宮内省のこだわりが感じられる。

蓋し宮内省に於ては、神祇式と神道の別を明らかにするため、斎主以下の人選は大喪儀の例の如く、神祇式の精神に即して宗教臭なきものを選ぶべしとしたことによるものである。なお従来その委嘱は宮家より行うに止まったが、鄭重《ていちょう》を失する嫌いがあったので、今般之を改め、宮内省より仰せ付けられることとなった。

（『山階宮三代』明治三十一年二月二十二日条）

二十六日は、早朝から夕方まで葬儀が行われた。

そこに至るまでの宮家と政府との緊迫したやり取りの電報・手紙類や、葬儀当日の記録などのすべてが、宮内庁書陵部にある「山階宮御葬儀記録」に残されている。またその記録とともに、「晃親王薨去に付勧修寺住職雲照意見書」として、勧修寺の住職であった雲照が、いかに親王が仏教に帰依されていたかを述べ、仏式作法による葬儀をすべきと提出した意見書も残されている。

薨去された十七日から三月初めまで、『京都日出新聞』一面には連日、晃親王の葬儀に関する特集が組まれている。

「山階宮御葬儀記録」の中にある葬儀当日の日誌を参考にして、その日の流れを追ってみる。

一、午前五時、御殿にて御棺前祭執行　喪主・近親方へ朝食を提供

墓標　晃親王墓所(宮内庁月輪陵)

二、午前六時三十分　天皇陛下の代拝・東園侍従が参着し玉串を奉奠《ほうてん》

三、午前六時四十分　皇后陛下の代拝、皇太子殿下の代拝が参着し玉串を奉奠

四、出棺準備　御棺を御輦《れん》に奉載

五、午前八時出棺　近親・親戚等みな徒歩にて随従し、進行中は随時軍楽隊が楽を奏する

六、午前十時半　泉山に到着。斎場に入られ御棺を御葬穴の前に奉安。錦旗、勲章、剣、杖、沓等を配置

七、祭典が執り行われ、両陛下、皇太子殿下の代拝が拝礼し奉送員も拝礼し退出。その後喪主以下拝礼

八、泉涌寺住職が僧侶を率いて荼毘《だび》式を行う

九、納棺、喪主が埋葬詞を白し、一同各休み所に退く。近親・親戚方は雲竜院にて昼食

十、石槨の蓋を閉じコンクリート工事が終わった旨喪

主に言上。それにより、喪主・近親・親戚方が宝穴前にて一鍬ずつ土を覆い再び休所に入る。午後四時三十分に埋葬済の旨を宮内大臣へ上申する

十一、墓標を建てる。其のまま引き続き十日墓前祭を執り行う

長い一日の記録である。本来ならば「八」の僧侶による荼毘式がないはずであったが、遺言と宮内省とのやり取りの末、このようなかたちの葬儀となった。

石の墓標には「大勲位晃親王墓」と書かれている。これは親王が揮毫したものに書かれることが多かった「大勲位晃親王〇〇歳」という、お気に入りだったと思われるご自称が使われている。

また、「山階宮実録」(宮内庁書陵部)所収「山階宮日記」には、二月二十五日付で、二月十七日の臨終作法から始まり、五月二十七日の百か日に至るまで行われた仏式の一連の葬儀・作法が記録として書かれている(抜粋)。

臨終作法…………二月十七日午前十時　付理趣三昧

入館作法…………十九日午後七時

十七日初花より二十三日中に至るまで朝昼夕不動法執行

無常導師作法……二十三日午後三時　理趣三昧　助法十口　付后讃光言回向
初　七　日………二十三日　御殿にて　法用光明三昧
荼　毘　式………二十六日　墓前にて　神祇式了て直に執行
二七日…………三月二日　新善光寺にて　理趣三昧
三七日…………九日　御殿にて　法華蔵法
四七日…………十六日　御殿にて　光明三昧
五七日…………二十三日　泉涌寺本坊にて　土砂加持
六七日…………三十日　御殿にて　写経供養
盡《じん》　七　日………四月六日　本坊にて　法用理趣三昧
百　か　日………五月二十七日　新善光寺御墓前に於いて　御培供養

大変丁寧な仏教作法が行われており、参会し、法要を行った僧侶の名前と所属まで記録にある。国から正式に認められなかったとはいえ、仏式の葬儀が並行して執り行われたわけで、親王は十分満足されたことと思う。考えようによっては、二種類の教義で丁寧に葬られたのだから、お幸せなことだと思う。これには遺言があったことと、明治天皇がそのご意向を尊重したいとのご意思を示されたことも大きかったと思われる。

天皇陛下や皇族方はどこまで個人的なご意思を持たれ実現させうるのか、岩井氏が提起しているように、今上天皇の葬送における御希望がどこまで生かされるのか、重大な問題である。政治の表舞台に立った晃親王でさえ、長い間改革を訴え続けてこられたわけだから、政治的活動をされない現在の天皇・皇族方が、どこまでそのご意思やご意見を通すことができるのか、注目に値する。

ここまで記して、出版に向けて本稿の仕上げをしている平成二十五年(二〇一三)十一月十四日に、宮内庁より今後の御喪儀のあり方についての発表があり、十五日の新聞の朝刊の一面を大きく飾った。

今上陛下の「お気持ち」が全文掲載され、そのお気持ちに沿ったかたちで国民に負担のかからない葬送をということで、長期間宮内庁と検討を重ねてこられたのであった。葬送の簡素化を求められており、御陵の規模を縮小し、十七世紀以来土葬だったのを火葬とされた。また天皇、皇后合葬との御希望は、皇后陛下のお気持ちも組み入れて、天皇皇后陵が隣接して建てられることになったのである。皇后陵と隣接した天皇陵は前例として聖武天皇陵があり、歴代の天皇で火葬された方は四十一人にのぼり、あまり改革された感がないとの意見も書かれてあった。私は時代の流れに沿ったかたちで、国民とともにありたいという常日頃の陛下のお考えが尊重されたことを高く評価したいと思う。

晃親王の葬儀の日は、京都帝国大学、第三高等学校を始め、府立市立各学校及び各尋常小学校は哀悼の意を表して休校となった。また十七日から三日間は、花街や興行席などへ歌舞音曲を停止する旨の達しが出た。京都中の人々が哀悼の意を表したのである。

出棺時は寒気が激しく雪も降っていたが、着棺の頃には快晴となった。しかし早朝かなり寒かったためか思ったよりも奉送員が集まらず、昼に用意したお弁当が余ったと記録にある。

十八、晃親王と関わりの深い寺

① 勧修寺山門

① 勧修寺《かじゅうじ》

何と言っても親王は勧修寺にて育ち、一生深い関わりを持ってこられた寺である。本書でもすでに、氷室池のこと（一五七〜一五九頁）、扁額（口絵・一六三頁）、書院に残された写真のこと（一七九頁）などを紹介してきた。

現在の御門跡は晃親王の曾孫の筑波常遍大僧正で、私の叔父にあたる。山階宮家の御縁で若い頃にこの寺に来て、何十年も寺と山階宮家のお位牌を守ってくださっている。この研究をするに当たり、絶大な御支援をいただいた。

勧修寺の庭にある氷室池は平安時代の面影を残す池で、鷺などが中ノ島にたくさん巣を作っており、鳥類の安息の地となっている。晃親王の孫で山階鳥類研究所を設立された芳麿公が亡くなり、ここにお位牌が収められた後には、さらに鳥類が増えた気がするとは叔父の談である。

② 新善光寺山門

② 新善光寺（泉涌寺山内）

この寺は代々の泉涌寺の長老の隠居所として使われており、孝明天皇の引導師を務めた尋玄長老と晃親王が親しくしておられたことから、ご縁ができたと考えられる。

晃親王がご自分の墓所と定められた場所であり、遺言書もこの寺に託しておられる。親王の御陵としてここでは手狭との政府の判断で、墓所は泉涌寺・雲竜院奥の揚柳寺旧地に定まり、現在宮内庁の管理下に置かれている（二二二頁）。ここ新善光寺には、生前に親王自ら建てられた塔に、後に遺言により親王の遺歯髪が

② 鐶菊紋入文箱
（新善光寺 蔵）

② 御歯髪塚（泉涌寺山内 新善光寺）

② 親王ゆかりの大卓とソファー（新善光寺）

埋められ、一角には親王が建てられた侍女や母親代わりだった山科重子の供養塔、さらに三代の武彦王の弟に当たり早世した鹿島茂麿公のお墓もある。山階宮家の墓所といえる場所で、しっかりお守りいただいている。

新善光寺の庭の一角、愛染明王堂に安置される愛染明王はもと勧修寺にあったが、明治元年五月十二日に親王が御寄附されたものだそうだ。また、明治五年九月十二日に晃親王の東京移住に際しての置き土産として、新善光寺に西洋形楠大卓、吸物椀一箱、有職形手炉一対を贈られたと『山階宮三代』

に記載がある。

この西洋形大卓は、現在も応接室に置かれている。ソファーと椅子六脚もついていたが、二脚は壊れ、現存する四脚とソファーは、当時張ってあったのと同様の緑色のビロードに張り替えて大切に使われていた。吸物椀と手炉については、蔵の中をわざわざ探してくださったがすでになく、その代わりに、記録にはないが、山階宮家の御紋である鐶菊紋が入った漆の文箱が出てきた。その他、蔵には晃親王が書かれたお軸と色紙も残っているそうである。

③ 高野山・不動院

③ 高野山・不動院入口

この寺も、晃親王が遺言で新善光寺とともに歯髪塔を建てるよう指示なさったところで、特別の思いを抱かれていた寺と思われる。親王ゆかりのものがたくさん残っているし、高野山に行かれた際にはここに宿泊されたそうである。

先々代のご住職が晃親王から山階姓を名乗ることを許されたとのことで、現ご住職

③ **御歯髪塚**（高野山・不動院）

も山階清隆とおっしゃる。
親王が自らここを「山階別院」と言われ、「山階宮家御菩提所」と入口に大きく書かれた門柱が建てられている。

④ 袋中菴

もと東山五条にあった尼寺で、晃親王の妹が住持を務められていたことがあり、その当時は親王がたびたび立ち寄っておられた寺である。

第二次世界大戦時の強制疎開であちこちを転々とした末に、現在の御室の地に移った。晃親王が名付けられ、代々伝わってきた「山階御流」という流派の華道の家元を、現ご住職の御舎弟である賀幡圓定師が引き継いでおられ、秋篠宮家に行事の時には花を納めておられるそうだ。『幻の花』という素晴らしい山階御流の花の写真集も出版しておられる。

また山階宮家代々のご位牌もしっかりお守りいただいている。前述の檀王法林寺（一六二頁）とは、袋中上人の関係で兄弟寺であり、檀王法林寺のご住職の信ヶ原師が山階御流のことをご存じで連絡してくださり、とてもよいご縁をいただいた寺である。

十九、晃親王の生涯

ここまで晃親王の生涯をふり返ってきたが、皇族というものは身分や財は保証されているものの、朝廷、天皇、宮内省などにお伺いを立てないと何も自由にできない不自由なご身分であるということを強く感じた。

山階宮家に保管されている親王に関する資料の一つに、国分文友（定胤）筆の「晃親王三相像」という軸絵がある（口絵参照）。親王自らが希望されて描かせたもので、激動の生涯を振り返って三相に描いてある。

平成二十三年十月から十二月にかけて、学習院大学史料館開館三十五周年記念コレクション展に出品されていたのだが、以下はその時のミュージアムレターの紹介文である。

山階宮家初代・晃親王の劇的な人生の、大きく三度に及ぶ転向を「三相」で描き表した肖像画。（中略）本図は、上段に二十代の済範と称していた頃の僧体姿、中段に四九歳で還俗し孝明天皇の猶子として親王宣下を受けた頃の直衣姿、下段に晩年期の皇族用大礼服をまとう姿が描かれています。下段の白ズボンの皇族用大礼服姿の晃親王と、ほぼ同じ姿形の肖像写真があり、この写真をもとに絵が製作されたと考えられます。（中略）筆者国分文友（一八二三～一九〇〇）は、晃親王に仕えた絵師。本図製作当時、西洋からは写実的な画法が取り入れられていたものの、本図には岩絵具を用い、日本古来の伝統的な線描による肖像画法が用いられています。

（中略）写真や銅版画、西洋画法による貴顕の肖像が流行した明治半ばに、あえて日本古来の画法で描かせた点に親王のこだわりが感じられます。

この絵は明治二十四年六月（親王七十六歳）に制作されており、あえて指示されて描かせているところからも、親王が自らの生涯を振り返り、まさに劇的な人生であったとの思いをお持ちだったのだろうと思われる。

ここまで読んでいただいたらわかるように、三相にご身分が変わり、まさに時代とともに、そして日本の変化とともに歩みを進められてきた一生であられたと思う。

若い頃から一貫して訴え続けられた門跡制度の廃止は、親王のご意向通りの結果だったかどうかはわからないが、明治期に実行された。幼い頃に無理やり寺に押しこめられて声をあげることもできずに一生を終えざるを得なかった何人もの先人の思いを代表して、還俗し政治の表舞台に立たれることができたことにより訴え、世間に問いかけることができたのだから、その点ではお幸せなことだったたと思う。

晃親王は、勧修寺第二十九世門跡であった済深《さいじん》法親王を崇拝しておられたそうである。この方は大納言小倉實起の娘との間に誕生された霊元天皇の第一皇子で、霊元天皇も次期天皇と考えられており大変ご寵愛されていた。しかしその後天皇のご寵愛が別の女性に移り、その子である五の宮（後の東山天皇）を皇位に就けるために、天皇は一の宮を無理やり剃髪させて寺に押しこめようとなさった。その時十一歳であった一の宮は出家を嫌がり、祖父である小倉實起ら一族も激しく抵抗したため、天皇は兵を送って小倉實起をはじめ抵抗した一族を佐渡に流し、一の宮を勧修寺に押しこめてしまわれた。失意の中、一の宮は修行をし、勧修寺の御門跡として荒れていた寺を復興させた。現在の寺の建物はその時に整えられたものだそうだ。御所であった明正天皇の御対面所や御居間などがこの寺に下賜された背景には、霊元天皇の悔悟の念がおありだったのかもしれない。済深法親王は、勧修寺では、中興の祖と崇められている方である。

60歳代の晃親王
（石黒敬章『幕末明治の肖像写真』〈角川学芸出版〉より）

晩年の晃親王
（勧修寺 蔵 学習院大学史料館保管）

無理やり出家させられる運命にあった済深法親王を、晃親王はご自分の境遇と重ね合わせ、運命に逆らえず無理やり出家させられた先人のお一人として、偲ばれていたのではないかと思う。

なお、仁和寺の中興の祖とされる覚深《かくじん》法親王は後陽成天皇の第一皇子で、栄誉の誉れ高く次期天皇候補だったが、豊臣色が強かったために即位できず、徳川の推す第三皇子が皇位を得た（後水尾天皇）。そのため仁和寺へ第二十一世門跡として入寺され、その際に御所より多くの建築物が下賜されたので、衰えていた仁和寺は復興した。お二人ともご本人にとっては大変不本意な出家であったと思われるが、お寺にとってはラッキーな結果となったのである。

また、十三章の揮毫のところでも述べたが、晃親王は弘法大師の書をかなり勉強され、弘法大師生誕の地である香川の善光寺を訪問されて額字を書かれたり、弘法大師が入滅された高野山の不動院に歯髪塔を作って納めるように遺言を残されたりしている。そう考えると、お若い頃には仏教に対して批判的なお考えも述べていらっしゃるが、晩年には、仏教に、そして弘法大師に帰依していらっしゃったのではないかと思われる。

本書刊行に際して

この書を読んで特に感じ入りましたことは、晃親王様のご運勢のお強さであります。

「人生五十年」と言われておりました時代に、八十三歳の天寿を全うされましたこと、二十代の時はとてつもない事件を起こされて（本書第四章）宮家の系図からも抹消されましたのに、ご晩年には大勲位に叙せられたこと、御歳五十二歳の時には計らずも天下がひっくり返る「明治維新」が起こって明治新政府の要職につかれて国事御決定の要職を全うされたことなどから窺うことができます。本書には、そのような歴史的史実が列記されております。

山階宮家は初代晃親王―二代菊麿王―三代武彦王でありますが、昭和初年に三代のご兄弟様が晃親王のご伝記作成に着手され、戦災を経て同五十七年には『山階宮三代』上下二巻（山階会編　合計一六二一ページ）の記録がご完成、さらにこの度ここに五代の世代に当たる姪の深澤光佐子より本書が刊行されました次第であります。

また、菊麿王妃殿下常子《ひさこ》様のお里の島津様のお力を得て、平成十五年には「山階宮家と公爵島津家展」の盛大なる特別展を鹿児島県の尚古集成館でご開催くださり、殿下方の母校でございます学習院にては、平成二十五年に「山階宮家の研究会」を創設してくださり、多くの方々の絶大なお力添えを賜っている次第でございます。一重に感謝の外は御座いません。

なお、蛇足でございますが歴史上の人物と身内には敬語を付けないというしきたりがございます。一方に、「ごきげんよう族と麿族」と「梨園（歌舞伎）」の世界は必ず敬語をつけることがしきたりとなっております。本書に中途半端な敬語がございましたら、お読み苦しき点は何卒御海容の程をお願い申し上げます。

合掌

平成二十七年五月吉日

勧修寺門跡　筑波常遍（俗名常秀）

終わりに

東京で生まれ育った私が京都へ移り住んですでに十年以上がたつ。京都に導かれるように引き寄せられたのは、先祖から受け継いだＤＮＡなのだろうか。私の祖父も京都が好きで住みたかったがその夢を果たせず亡くなったと聞いた。

住んでみればみるほど深く歴史が重なり合っていることがわかり、学ぶことの多いまちである。ますます京都が好きになり京都に関することすべてに興味を持った。そんな中、京都検定一級に合格し、そのご褒美に京都産業大学の特別客員研究員として研究をするチャンスを得た。テーマを決めて研究をするのだが、迷わず高祖父である晃親王の研究をしようと思った。

そこで朝廷問題に詳しい所功教授と笹部昌利講師の御指導を仰ぐことができ、朝廷関係の研究会に参加させていただく機会を得たことが、ものすごく知識を深めるのに役立った。心より感謝申し上げたい。

また研究員として研究した内容を、本というかたちにまとめるべきだという友人加藤豊氏の強い勧めにも励まされた。時間はかかったが、平成二十八年（二〇一六）は晃親王の御生誕二百年に当たり、その墓前にこの本を供えることができたら望外の喜びである。

最後に、この企画を取り上げてくださった宮帯出版社の宮下玄覇社長と編集部長勝部智氏、編集にたくさんの労力をかけていただいた田中誠氏、西村加奈子氏、中川譲次氏、田中愛子氏、中岡ひろみ氏をはじめ、多くの関係者に感謝の気持ちと御礼を申し上げたいと思う。

深澤光佐子

参考文献

『山階宮三代』(山階会 一九八二年)
『近代皇族の記憶―山階宮家三代』(吉川弘文館 二〇〇八年)
宮内庁書陵部編『皇室制度史料・皇族一～四』(一九八三年)
宮内省先帝御事蹟取調掛編『孝明天皇紀』(平安神宮 一九六七年)
『明治天皇紀』(吉川弘文館 一九七四年)
『島津久光公実紀』(東京大学出版会 一九七七年)
鹿児島県維新史料編纂所編『鹿児島県史料 忠義公史料』(一九八一年)
『玉里島津家史料』(全一〇巻 鹿児島県 一九九六年)
日本史籍協会編『朝彦親王日記』(一九二九年)
『泉涌寺史・本文篇』(泉涌寺・法蔵館 一九八四年)
日本史籍協会編『嵯峨實愛日記』(一九三九年)
内閣文庫所蔵史籍叢刊三三『天保雑記』(汲古書院 一九八三年)
「平田家文書」(早稲田大学図書館蔵)
日本史籍協会編『中山忠能日記』(一九一六年)
大江戸博物館編『勝海舟日記』(二〇〇二年)

皇室事典編集委員会編『皇室事典』（二〇〇九年）
下橋敬長『幕末の宮廷』（平凡社・東洋文庫三五三 一九七九年）
小林丈広『明治維新と京都―公家社会の解体―』（臨川書店 一九九八年）
家近良樹『孝明天皇と一会桑』（文芸春秋 二〇〇二年）
家近良樹『幕末の朝廷』（中公叢書 二〇〇七年）
浅見雅男『ある宮家の三代 闘う皇族』（角川書店 二〇〇五年）
浅見雅男『伏見宮』（講談社 二〇一二年）
高木博志『陵墓と文化財の近代』（山川出版社 二〇一〇年）
高木博志『近代天皇制と古都』（岩波書店 二〇〇八年）
高木博志『近代天皇制の文化史的研究』（校倉書房 二〇〇〇年）
石川泰志『近代皇室と佛教』（原書房 二〇〇八年）
勝 海舟〔原著〕・江藤 淳〔著〕『氷川清話』（講談社 一九七四年）
菊池 明『京都守護職日記』（新人物往来社 二〇〇八年）
伊藤之雄『京都の近代と天皇』（千倉書房 二〇一〇年）
佐野恵作『皇室と寺院』（明治書院 一九三九年）
安藤優一郎『幕末維新消された歴史』（日本経済新聞出版社 二〇〇九年）
新井白石『折たく柴の記』（岩波書店 一九九九年）
笠原節二校注『折焚く柴の記』（明文社 一九三五年）
稲垣國三郎『中井竹山と草茅危言』（大正洋行）
同文館編輯局編『明訓一斑抄』（日本教育文庫 一九一〇年）

史談会編『史談会速記録・合本一〇』（原書房 一九七六年）
長 文連『皇位への野望』（柏書房 一九六七年）
石井 孝『明治維新の国際的環境 分冊一・二・三』（吉川弘文館 一九七三年）
日向 康『非命の譜 神戸・堺事件顛末』（毎日新聞社 一九八五年）
アーネスト・サトウ『一外交官の見た明治維新』（岩波書店 一九六〇年）
ミット・フォード『英国外交官の見た幕末維新』
ベルツ『ベルツの日記』（岩波書店 一九五一年）
ドナルド・キーン『明治天皇』（新潮社 二〇〇一年）
『孝明天皇御事績紀』（孝明天皇聖徳奉彰会蔵版）
『維新史料綱要』巻五（東京大学出版会 一九四〇年）
『伊達宗城在京日記』（東京大学出版会 一九七二年）
『松平春嶽未公刊書簡集』（思文閣出版 一九九一年）
岩倉公旧跡保存会編『岩倉公実記』（一九二七年）
村山修一『皇族寺院変革史』（塙書房 二〇〇〇年）
徳富猪一郎『近世日本国民史六一』（近世国民史刊行会 一九六三年）
『北垣國道日記「塵海」』（思文閣出版 二〇一〇年）
田村喜子『京都インクライン物語』（山海堂 二〇〇二年）
『輝く笑顔 向日市市政要覧』（京都府向日市 一九九六年）
『図説京都府の歴史』（河出書房新社 一九九四年）
日彰百年誌編集委員会『日彰百年誌』（一九七四年）

刑部芳則『京都に残った公家たち』（吉川弘文館 二〇一四年）
ウイリアム・アームストロング『カラカウア王の日本仰天旅行記』（小学館 一九九五年）
『昔夢会筆記』（東洋文庫七六 平凡社 一九六六年）
『旭雅和上讃語 旭雅和上壱百年御遠忌記念』（法蔵館 一九九〇年）
『明治維新の東本願寺』（河出書房 一九八七年）
『新撰京都叢書』（臨川書店 一九八四-八九年）
矢部文蔵『宇治郡名勝誌』（一八九八年）
『檀王法林寺』（淡交社 二〇一一年）
『東寺観智院の歴史と美術』（東寺宝物館 二〇〇三年）
「幕末維新期における宮門跡の還俗に関する一考察」
（藤田誠 国学院大学日本文化研究所紀要第九六 二〇〇五年）
「山階宮実録一〜三二」（宮内庁書陵部蔵）
『京都日出新聞』（京都府立図書館蔵 マイクロフィルム）
日本史籍協会編『続再夢紀事』（一九一六年）
『琵琶湖疏水及水力使用事業』（京都市電気局 一九二六年）
『新聞集成明治編年史』（財政経済学会 一九三五年）
『歴史読本』（新人物往来社 二〇〇六年十一月号）
『嘯月』（晃親王の和歌集 勧修寺蔵）
「山階宮御葬儀記録」（宮内庁書陵部蔵）

山階宮晃親王 略年譜

和暦	西暦	齢	日付	関連事項
文化十三年	一八一六	1	九(二)月二日	伏見宮邸にてご誕生。静宮(後・志津宮)と命名。伏見宮邦家親王第一皇子だが、祖父貞敬親王の第八皇子と公示。明治二十二年一月実系に復す
			十二月二十九日	勧修寺門跡相続の内約
文化十四年	一八一七	2	八月三日	仁孝天皇より勧修寺門室相続を仰せ出だされる
文政元年	一八一八	3	五月十三日	光格上皇と養子縁組
文政六年	一八二三	8	十月二十二日	清保の名を賜り、翌日に親王宣下
文政七年	一八二四	9	四月二十三日	勧修寺入室
			五月二日	得度され済範法親王となる(戒師・海寶僧正)
天保八年	一八三七	22	十一月二十日	二品宣下
天保十二年	一八四一	26	十日八日	無断で姫路方面へ出奔
天保十三年	一八四二	27	七月二十二日	東寺へ厳重蟄居(光格上皇の養子、親王、二品、勧修寺住職はすべて剥奪)
安政五年	一八五八	43	五月二十二日	蟄居を有免され勧修寺室外に帰住を許される
文久四・元治元年	一八六四	49	正月九日	還俗。伏見宮へ復系
			正月十七日	山階宮家を創立
			正月二十七日	孝明天皇の猶子として名を晃と賜う。親王宣下

			正月二十八日	元服の儀。常陸太守となる。国事御用掛に任ぜられる
慶応二年	一八六六	51	十月二十七日	国事御用掛を免じられ、蟄居の命
慶応三年	一八六七	52	十二月九日	王政復古の大号令が発せられ議定職に就任。小御所会議に参列
慶応四・明治元年	一八六八	53	正月	薩長土肥諸藩の東本願寺襲撃を未然に防ぐ
			正月十七日	外国事務総督（長官）を拝命
			二月二十二日～二十六日	堺事件解決のため仏公使と会見、大阪へ。この頃、天皇と外国公使との朝見が続々行われ列席
			五月二十日	議定職、外国事務総督を免じられる。それ以後新政府の官途にはつかず
			八月二十七日	明治天皇即位式に右侍従を奉仕
			十月十九日～	天皇東幸中、留守の議定、参与が無人のため熾仁親王（有栖川宮）、博経親王（華頂宮）とともに宮中の宿番を勤仕。およそ午後六時出仕、翌朝午前六時頃宮中を退出のスケジュール（十月三回、十一月一回、十二月四回）
明治二年	一八六九	54	二月二十四日	弟定麿王（後の東伏見宮依仁親王）を養子とされる
明治五年	一八七二	57	十月一日	東京へ転居
明治六年	一八七三	58	七月三日	第一子・菊麿王ご誕生
			十二月八日	皇族男子は天皇の命で陸海軍に従事することになったが、ご高齢のため免除の沙汰
明治八年	一八七五	60	十二月三十一日	勲一等賞牌授与される
明治十年	一八七七	62	三月十五日	第六回京都博覧会開業式に臨席

			八月十五日	病気療養を理由に京都へ戻り隠居を希望、即日聴許
明治十八年	一八八五	70	二月六日	古希祝で天皇が宮邸に臨幸、翌日は皇后が行啓
			六月三日	琵琶湖疏水起工式（八坂神社にて）へ臨場、玉串奉奠
明治十九年	一八八六	71	十二月二十九日	大勲位に叙せられ、菊花大綬章を授与される
明治二十年	一八八七	72	八月二十三日	琵琶湖疏水東口事務所にて田辺朔朗より工事状況の説明を受け見学、西口と蹴上の現場へも向かう
明治二十二年	一八八九	74	二月十一日	憲法発布式に参列。皇族の列次が制定され、首位の有栖川宮熾仁親王に次いで次位となる
			五月七日	彰仁親王（小松宮）と同道、疏水の見学。蹴上事務所にて北垣国道府知事の説明を受け、小船で第三トンネルを通り東口へ至り、第二、第一トンネルを見学後、大津へ至り、滋賀県庁を巡覧
明治二十三年	一八九〇	75	四月十二日	天皇皇后が京都行幸啓の際に聖護院の山階宮家に御臨幸
			十一月二十九日	第一回帝国議会開院式行幸に供奉、天皇に陪侍し臨席
明治二十七年	一八九四	79	三月九日	大婚二十五年祝典参列
			六月八日	鳩杖の恩賜あり
明治二十八年	一八九五	80	四月一日	第四回内国博覧会（岡崎）開会式に明治天皇名代として臨場し勅語を奉読
			七月十一日	内国勧業博覧会褒章授与式に天皇名代として臨場、勅語を奉読
			十月二十二日	奠都千百年紀念式へ天皇名代として臨席、勅語を奉読
明治三十一年	一八九八	83	二月十三日	嫡孫がご誕生し、武彦と命名
			二月十七日	東丸太町別邸にて薨去

※以下のご機関・所蔵者・保管先より写真のご提供をいただきました。ここに記して感謝いたします。

学習院大学史料館（勧修寺紋付額入山階宮晃親王肖像、山階宮晃親王を囲む親族の各皇族、晃親王三相像　口絵／晩年の晃親王　225頁）、聖徳記念絵画館（小林未醒画「帝国議会開院式臨御」表紙カバー・口絵）、宮内庁報道室（悠仁様の深曾木の儀　17頁）、便利堂（東寺・第15世海寶像　34頁／東寺・「楓泉観」額　162頁）、京都市学校歴史博物館（日影小学校の表門　142頁／日影小学校の講堂　143頁／唐獅子の杉戸　144頁）、小川後楽堂（「清神茗一杯」掛軸　151頁）、勧修寺（勧修寺の氷室池　157頁）、長福寺（「澄心」額　168頁）、向日市文化資料館（長岡京大極殿跡の石碑　170頁）

〔著者紹介〕
深澤光佐子（ふかざわ みさこ）
東京生まれ。慶應義塾大学文学部卒業。平成17年より京都市在住。
山階宮晃親王の子の菊麿王の三男・筑波藤麿が祖父で、晃親王の玄孫に当たる。母は筑波藤麿の長女・登喜枝、父は松浦擇《えらむ》で平戸藩主松浦家の第39代当主・松浦陞《すすむ》の三男。
平成22年度京都検定１級合格。合格者のための「京都産業大学日本文化研究所特別客員研究員」制度を利用して研究活動を開始し、本稿をまとめた。

明治天皇が最も頼りにした山階宮晃親王

2015年9月24日　第1刷発行
著　者　深澤光佐子
発行者　宮下玄覇
発行所　株式会社宮帯出版社
京都本社　〒602-8488
京都市上京区寺之内通下ル真倉町739-1
営業（075）441-7747　編集（075）441-7722
東京支社　〒102-0083
東京都千代田区麹町6-2 麹町6丁目ビル2階
電話　(03)3265-5999
http://www.miyaobi.com/publishing/
振替口座 00960-7-279886
印刷所　モリモト印刷株式会社
　ISBN978-4-8016-0019-5 C0023